Josef Kirschner, Jahrgang 1931, war Reporter und Chefredakteur, Lehrbeauftragter an der Universität Wien, Gast an der amerikanischen Harvard-Universität, Ölbohrer und Lagerhausarbeiter, Werbetexter und PR-Mann, Fernsehautor und Moderator der Talkshow »Tritsch-Tratsch«. Er entwickelte ein Zukunftsmodell für einen Kurort, begründete eine »Lebensschule« und leitet derzeit das Verlagsbüro des Burda-Verlages in Wien.

Er schrieb die Bestseller »Manipulieren – aber richtig«, »Die Kunst, ein Egoist zu sein«, »Hilf dir selbst, sonst hilft dir keiner« und »Die Kunst, ohne Überfluß glücklich zu leben«.

Von Josef Kirschner sind außerdem als Knaur-Taschenbücher erschienen:

»Die Kunst, ein Egoist zu sein« (Band 7549)
»Manipulieren – aber richtig« (Band 7442)
»Die Kunst, ohne Überfluß glücklich zu leben« (Band 7647)

Vollständige Taschenbuchausgabe
Droemersche Verlagsanstalt Th. Knaur Nachf. München

Umschlaggestaltung Atelier Blaumeiser
Satz IBV Lichtsatz KG, Berlin
Druck und Bindung Clausen & Bosse, Leck
Printed in Germany · 16 · 20 · 1084
ISBN 3-426-07610-1

Gesamtauflage dieser Ausgabe: 357 000

Josef Kirschner:
Hilf dir selbst, sonst hilft dir keiner

Die Kunst, glücklich zu leben –
in neun Lektionen

Knaur

ISBN 3-426-07610-1 680

Für alle Menschen, die ihr Leben selbst bestimmen möchten, statt immer nur das zu tun, wozu andere sie erpressen.

Inhalt

Achte Lektion

Neunte Lektion

Warum es besser ist, unsere Erziehung selbst in die Hand zu nehmen – statt uns ein Leben lang von anderen erpressen zu lassen

Wir alle sind vom ersten Augenblick unseres Lebens an Menschen ausgeliefert, die irgend etwas aus uns machen wollen. Wir sollen brave Kinder, gehorsame Schüler, fleißige Ehemänner und folgsame Staatsbürger werden. Auch unkritische Käufer, treue Wähler, willenlose Anhänger und gläubige Trottel, mit denen man alles machen kann.

Von allen Seiten machen sie sich über uns her, um uns zu erziehen. Erziehen heißt, etwas anderes aus uns zu machen als das, was wir wirklich sind und sein möchten. Was sie also vorhaben, bedeutet für uns weitgehend Selbstverleugnung unter Zwang von außen. Im Grunde genommen werden wir bis ans Ende unserer Tage fast ausschließlich mit einem einzigen altbewährten Mittel in dem Sinne beeinflußt, wie andere uns haben wollen. Dieses Mittel ist die Erpressung.

Die Erziehungsformel, die wir tausendfach kennen, lautet: »Wenn du nicht tust, was wir von dir verlangen, wirst du bestraft. Wenn du tust, was wir von dir verlangen, dann wirst du dafür belohnt.«

Wie Strafe und Belohnung beschaffen sind, wissen wir ebenfalls aus eigener Erfahrung genau. Das können Schläge sein, Mißachtung, der Entzug von Liebe oder Taschengeld. Erwachsene werden damit bestraft, daß man ihnen eifrige Kollegen als Vorbild hinstellt und sagt: »Strengt euch an, damit ihr auch so eifrig und treu und tapfer werdet wie der.«

Ebenso erziehen Eltern ihre Kinder. Die Schule hat die legale Methode der Erpressung weiterentwickelt. Der Staat hat sie perfektioniert. Und was dem Staat recht ist, kann im Berufsleben nur billig sein. Es gibt so viele Variationen und Tricks der »Erziehung durch Erpressung«, als es Erzieher gibt. Und es gibt keine Phase und keinen Bereich unseres Lebens, in denen man uns nicht bei jeder sich bietenden Gelegenheit unter Druck setzt.

Wer sind die Erzieher, von denen hier die Rede ist? Sehen Sie sich um, sie sind überall:

- Die Eltern, die ständig haben möchten, daß wir so werden, wie sie es sich für uns erträumen.
- Die Lehrer, die keine Schwierigkeiten mit uns haben wollen.
- Die Bürokraten und alle, die uns ständig mit der Staatsgewalt drohen.
- Die Propagandisten, die uns zu Mehrheiten machen und als Ja-Sager mißbrauchen wollen. Gleichgültig, ob wir ihre Partei wählen oder ihr Produkt kaufen sollen.

- Die Autoritäten aller Art, von den Ärzten bis zu den Technokraten, Wissenschaftlern und Vorgesetzten.
- Natürlich möchten uns auch unsere Ehepartner zu dem erziehen, was sie sich von uns erhoffen.

Wie Sie sehen, gehören wir alle in irgendeiner Weise zur einen oder anderen Erpressergruppe. Wir sind Erzieher und Opfer zugleich. Die Methoden, die wir als Opfer von den Erziehern lernen, wenden wir später als Erzieher unseren Opfern gegenüber an.

Kein Wunder. Wir wissen es ja nicht besser.

Die weitverbreitete Ausrede dafür, daß man uns von Kindheit an unsere Eigenständigkeit austreibt, unsere Phantasie in vorgezeichnete Bahnen lenkt und auch sonst unsere Selbständigkeit zerstört, ist das angebliche Wohl der Gemeinschaft. Mit dem sogenannten Allgemeininteresse wird einfach alles gerechtfertigt.

Nach Bedarf wird jeder unbequeme Individualismus mit diesem vagen Argument erstickt.

Wer immer die Leute auch sind, die uns ständig erziehen und umerziehen, welche Argumente sie auch gebrauchen, sie tun es auf unsere Kosten. Sie haben recht, wir haben unrecht.

Gibt es eine Chance, dieser lebenslangen legalisierten Erpressung zu entgehen und ein mehr oder weniger eigenständiges Leben zu führen? Natürlich gibt es diese Chance. Allerdings nur für Menschen, die bereit sind, ein paar grundlegende Entscheidungen zu fällen und sich auf ein Abenteuer einzulassen. Ich betone das, weil sich ja Millionen Menschen schon längst damit abgefunden haben, nur das Leben zu führen, das andere sie führen lassen. Sie haben sich daran gewöhnt, Durchschnittsmenschen zu sein. Nichts erscheint ihnen erstrebenswerter als die scheinbare Sicherheit in der Mittelmäßigkeit.

Nicht auffallen, nichts riskieren, das Erworbene festhalten, auch wenn wir uns dafür prostituieren müssen. Immer schön mitschwimmen und das tun, was die Mehrheit tut. Das sind die Lebensprinzipien der Mehrheit, der schweigenden Masse, der man scheinheiligerweise eingeredet hat, sie hätte alle Macht in ihren Händen.

Wer das kurze Leben, das uns zur Verfügung steht, dafür nützen möchte, möglichst viel Freude, Erfolgserlebnis, Glück, Genuß und Freiheit für sich herauszuschlagen, der darf nicht erwarten, daß ihm irgend jemand dabei hilft.

Das darf uns nicht verwundern. Wenn wir nämlich selbständig und glücklich, frei und selbstbewußt sind, wenn wir uns nicht mehr erpressen und einschüchtern lassen, dann sind wir nicht mehr auf unsere Erzieher angewiesen.

Dann haben sie keine Handhabe mehr, das mit uns zu machen, was sie

zu ihrem Vorteil mit uns und aus uns machen möchten. Dann fällen wir unsere eigenen Entscheidungen, statt ihre vorgekauten Entscheidungen zu befolgen.
Obwohl es keinesfalls leicht ist, aus dem Einflußbereich unserer Erzieher auszubrechen, um möglichst viel Selbständigkeit zu gewinnen, gibt es ganz bestimmt viele Menschen, die sich danach sehnen. Vielleicht hat ihnen bis jetzt der Anstoß dazu gefehlt. Oder sie überschätzen die Schwierigkeiten und unterschätzen sich selbst.
Dieses Buch ist der Versuch, jedem Interessierten den erwähnten Anstoß zu geben, ihn auf die Schwierigkeiten hinzuweisen und Techniken und Methoden aufzuzeigen, die zum Ziel führen. Es ist ein umfangreiches Programm zur Selbsterziehung.

Sie haben für dieses Buch bezahlt – holen Sie den größten Nutzen für sich heraus. Dazu ein paar Hinweise

Dieses Buch ist kein Erziehungsbuch, eher das Gegenteil. Erziehungsbücher gehen davon aus, daß Menschen mit ihrer Hilfe zu etwas erzogen werden, was andere für richtig halten. Dieses Buch hingegen beschäftigt sich vorwiegend mit den Möglichkeiten, wie wir uns selbst erziehen können, damit wir von anderen nicht mehr so abhängig sind.

Wer sich einem Erzieher anvertraut – ob das nun ein Lehrer ist oder eine Institution –, der sucht jemanden, der ihm sagt, was er denken soll und glauben darf.

Er kann notfalls auf die Autorität, der er sich unterwirft, Verantwortung abladen, die er eigentlich selbst tragen müßte. Er kann dort Hilfe suchen und wird gnädig aufgenommen. Der Preis dafür ist Einordnung und Unterordnung.

Es sieht so aus, als lebten wir in einer Zeit, in der das Bedürfnis groß ist, in der scheinbaren Sicherheit der Gemeinschaft Schutz zu suchen. »Scheinbare« Sicherheit deshalb, weil es ja in dieser Gemeinschaft viel mehr Gegeneinander gibt als Miteinander und Füreinander. Nur Illusionisten täuschen sich über diese Tatsache hinweg.

Andererseits ist dies auch eine Zeit, in der die Schwächen von Führern, Autoritäten und Institutionen offenbar werden. Es wird deutlich, daß die, die immer davon reden, wie sehr sie für unser Wohl sorgen und uns zu Glück und Frieden führen, selbst voller Unsicherheit sind.

Dieses Buch wurde für alle geschrieben, die sich eines Tages nicht den Vorwurf machen möchten, nichts unternommen zu haben, um sich selbst zu helfen. Eines Tages nämlich, wenn sie feststellen müssen, daß diejenigen, auf deren Hilfe sie hofften, sie im Stich gelassen haben.

Das Buch ist in neun Lektionen unterteilt. In jeder dieser Lektionen wird ein Bereich behandelt, der uns in der Selbsterziehung einen Schritt weiterbringen kann. Vor allem geht es darum, beim Leser Verständnis für das angeschnittene Problem zu erwecken und gewisse Zusammenhänge aufzuzeigen. Zugleich aber werden in jeder Lektion praktische Lösungen angeboten.

Wichtig ist, von Anfang an zu verstehen, daß es sich hier nicht um gute Tips handelt, was man sich wie abgewöhnen kann. Es ist vielmehr ein Programm für alle wichtigen Bereiche unseres Lebens.

Wenn Sie dieses Programm auf ihre Bedürfnisse abgestellt haben, dann sollten Sie imstande sein, sich selbst zu helfen. Wenn Sie also die Grundlagen der Selbsterziehung beherrschen, sollte es für Sie nicht schwierig sein, eigene Lösungen für Probleme zu finden wie:

- sich das Rauchen abzugewöhnen,
- Ihre Ehe auf eine völlig neue Basis zu stellen, oder aber die vielleicht notwendig gewordene Trennung herbeizuführen,
- Prüfungsangst zu überwinden,
- Ihr Leben für die Jahre, die Ihnen noch verbleiben, vernünftig zu planen.

Und vieles andere mehr.

Es spielt dabei überhaupt keine Rolle, wer Sie sind, was Sie sind, wie alt Sie sind. Niemand sollte sich von diesem absurden Argument abschrecken lassen: »Ich bin doch schon zu alt, um mich noch zu ändern.« Wenn Sie gerade siebzig Jahre alt geworden sind und sich noch ein paar Jahre ausrechnen, haben Sie durchaus ein Recht darauf, diese Jahre so frei und glücklich wie möglich zu verbringen. Es gehört zu den großen Irrtümern unserer Zeit, daß wir so gerne in großen Dimensionen denken. Was nicht groß ist, nehmen wir nicht ernst. Große Ideen, große Phrasen, große Versprechungen. Wir denken »für die Zukunft«, wir machen uns Sorgen »um die ganze Welt«, wir erwarten »Traumerfüllungen« für unser Leben.

Wir sollten lernen, in die Welt der Realität zurückzukehren. Wir sollten die Stunden und Tage schätzen und alles uns Mögliche tun, um täglich frei und glücklich zu sein. Dann wird am Ende unserer Tage auch unser Leben erfüllt und glücklich gewesen sein.

Auch um diese Dinge geht es in diesem Buch.

Was der Leser von diesem Buch nicht erwarten sollte, das sind bequeme Patentrezepte. Das hier vorgelegte Programm zu Selbsterziehung soll zum selbständigen Denken anregen und dazu ermuntern, eigene Fehler zu machen. Eigene Fehler sind Erfahrungen.

Es liegt den nachfolgenden neun Lektionen kein strenges System zugrunde. Manche Hinweise werden mehrfach wiederholt. Immer wieder wird in verschiedenen Zusammenhängen auf die eine oder andere wichtige Erkenntnis hingewiesen. Ständiges Wiederholen und geduldiges Üben sind schließlich die Voraussetzungen dafür, sich zu ändern, alte Gewohnheiten abzulegen und neue in uns zu verankern.

Selbsterziehung – was sollen wir darunter verstehen?

Ich meine damit, daß wir uns freimachen von den Zwängen und Klischees, die uns anerzogen wurden, aber nicht den Vorstellungen entsprechen, die wir selbst von uns haben. Selbsterziehung soll also als ein Vorgang der Selbstbefreiung und Selbstverwirklichung verstanden werden.

Immer wieder werden Sie in den folgenden Lektionen den Hinweis auf die beiden Grundlagen jeder Selbstveränderung finden:

1. *Die Erkenntnis.* Zu erkennen, was wir wollen und wie wir es erreichen können, uns mit dieser Erkenntnis zu identifizieren, das ist die erste Voraussetzung der Änderung.
2. *Die Technik.* Zu wissen, wie wir uns selbst dazu bringen, unsere Vorstellungen tatsächlich zu verwirklichen, das ist die zweite Voraussetzung.

Was Sie in diesem Buch lesen, hat nichts mit Wissenschaft zu tun. Es gibt auch nicht vor, wissenschaftlich zu sein. Es ist ganz einfach praktische Lebenserfahrung über eine Periode von 46 Jahren. Für praktische Lebenserfahrung aber gibt es keine Lehrsätze und Dogmen. Sie findet jeden Tag neu statt.
Die Frage ist, wie wir den Erfahrungen, die uns täglich erwarten, entgegentreten. Ob wir uns vor Unvorhergesehenem fürchten oder ob wir auch den härtesten Schicksalsschlägen selbstbewußt entgegensehen. Weil wir darauf vorbereitet sind.
»Hilf dir selbst, sonst hilft dir keiner« ist mein drittes Buch nach »Manipulieren – aber richtig« und »Die Kunst, ein Egoist zu sein«. Alle drei sind Versuche, die Leser anzuregen, sich selbst zu entdecken und das für sie Beste aus ihrem Leben zu machen.
Ein Jahr nach dem Erscheinen von »Die Kunst, ein Egoist zu sein« schrieb mir ein Leser aus Salzburg: »Sehr geehrter Herr Kirschner! Ich habe Ihr Buch gelesen. Mit allem darin bin ich nicht einverstanden. Aber das wenige, das auf mich zutraf, hat genügt, mein Leben so gründlich zu verändern, daß ich in Zukunft Ihre Ratschläge nicht mehr brauche.«
Das war ein erfreulicher Brief für einen Autor, der nichts mehr bedauern würde, als wenn auch nur ein einziger Leser alles großartig fände, was in seinen Büchern steht. Ich jedenfalls hoffe, auch diesmal wieder den einen oder anderen Brief dieser Art zu erhalten.
Folgendes sollten Sie noch beim Studium dieses Buches beachten:

- Lassen Sie sich bei der Lektüre genügend Zeit. Wenn Ihnen ein Hinweis oder Vorschlag interessant erscheint, schieben Sie seine Anwendung oder Erprobung nicht hinaus. Nicht einmal auf den folgenden Tag. Legen Sie das Buch sofort zur Seite und fangen Sie an, eigene Erfahrungen zu sammeln. Es ist gleichgültig, ob Sie eine Stunde oder eine Woche später weiterlesen. Wichtig ist, welche eigenen Erfahrungen Sie in der Zwischenzeit gemacht haben.
- Mit keinem Wort und keiner Zeile soll Ihnen in diesem Buch etwas »gelehrt« werden. Nichts unterliegt dem Prinzip des Wettbewerbs. Wenn Sie bei der einen oder anderen Formulierung den Eindruck haben, Sie sollten zu irgend etwas gedrängt werden – lassen Sie es nicht zu. Es wäre widersinnig, sich von der Erziehung durch Erpressung mit

Hilfe einer anderen Art zwanghaften Verhaltens befreien zu wollen. Wir alle sollten niemals mehr damit aufhören, Zwang durch Phantasie, Freude und Überzeugung außer Kraft zu setzen.

- Eines sollten Sie allerdings wissen: Je mehr Glück und Freiheit Sie erlangen wollen, um so mehr müssen Sie auch dafür tun. Techniken der Selbsterziehung sind erlernbar, aber sie erlernen sich nicht von selbst. Wer das Leben täglich zu seiner Zufriedenheit bewältigen will, der muß in Form sein. Er muß täglich die Kunst trainieren, glücklich zu leben.

Erste Lektion

Das Ziel dieser ersten Lektion ist es, Sie mit einer Übung vertraut zu machen, die nicht länger als drei, vier Minuten dauert. Sie besteht aus folgenden drei Teilen:

1. Nehmen Sie eine bequeme Stellung ein.
2. Regulieren Sie den Atem und zählen Sie 20 Atemzüge.
3. Stellen Sie die innere Ruhe her.

Während der drei, vier Minuten, die Sie sich jeden Tag nur mit sich selbst beschäftigen, werden Sie einige erstaunliche Feststellungen machen.

Warum wir es manchmal nicht schaffen, so zu sein, wie wir sein möchten

Ich kenne einen Mann, dessen Ärzte haben bei einer gründlichen Untersuchung sechs schwerwiegende Gebrechen an ihm festgestellt. Sie rieten daraufhin dem Mann, das Rauchen einzustellen, sieben Kilogramm abzunehmen, ganz bestimmte Speisen nicht mehr zu essen, täglich mindestens eine Stunde spazierenzugehen und einiges mehr.
Glauben Sie, der Mann macht das?
Er möchte es gerne und leidet schrecklich darunter, daß er es nicht fertigbringt. Er nimmt sich jeden Abend fest vor: »Morgen fange ich damit an. Ab morgen rauche ich nicht mehr.«
Aber am nächsten Morgen zündet er sich doch wieder die erste von dreißig oder vierzig Zigaretten dieses Tages an. Er schafft es nicht einmal, eine Stunde am Tag spazierenzugehen. Seine Begründung: »Ich möchte ja furchtbar gerne, aber ich habe dafür einfach keine Zeit.«
Noch ist es bei ihm nicht soweit, aber es kann nur eine Frage von einigen Jahren sein, bis er in einem Sanatorium liegt und die Erfahrung machen wird, daß er doch Zeit dafür hat, etwas für seine Gesundheit zu tun. Die Zeit, die er vorher nicht zu haben glaubte, wird er sich dann gezwungenermaßen nehmen. Wobei es nicht sicher sein wird, ob es dann überhaupt noch etwas nützt.
Dabei ist dieser Mann ein Bündel an Dynamik und Zähigkeit. Er hat in den vergangenen Jahren den Umsatz seines Betriebes um 360% gesteigert. Nichts konnte ihn bei der Verwirklichung irremachen. Trotzdem ist er völlig außerstande, sich ein paar Dinge abzugewöhnen, von denen er ganz genau weiß, daß sie ihn über kurz oder lang ins Grab oder zumindest ins Krankenhaus bringen.
Warum geht es diesem Mann wie vielen von uns, die wir unter dem Druck von uns anerkannter Verhaltensklischees die erstaunlichsten Leistungen vollbringen. Die wir aber so oft völlig versagen, wenn wir etwas für unsere ganz persönlichen Erfordernisse tun sollen?
Es liegt an der selbstzerfleischenden Einstellung, anderen viel mehr Einfluß auf uns einzuräumen als uns selbst. Wir belügen und betrügen und täuschen deshalb ja auch uns selbst viel öfter und leichtfertiger als andere. Kein Wunder, es wurde uns ja ausschließlich der Respekt vor anderen anerzogen. Wer hat sich darum gekümmert, ob wir auch uns selbst den erforderlichen Respekt entgegenbringen? Gelegentlich hat man uns vielleicht daran erinnert, daß es so etwas gibt, aber nur unter einem

drohenden Aspekt. Indem man uns fragte: »Hast du denn gar keine Selbstachtung?« oder: »Hast du denn gar keine Ehre im Leib?« und ähnliches.
Ehre, Selbstachtung, solche Begriffe holt man immer wieder aus der Zauberkiste hervor, wenn man etwas von uns will. Man nimmt von vornherein an, daß wir uns diesen Klischees unterordnen. Möglichst kritiklos, möglichst ohne darüber nachzudenken und uns zu fragen: »Was nützt mir denn das alles eigentlich? Schadet es mir vielleicht sogar?«
Mein ältester Sohn, der in den vergangenen Wochen in der Schule Schwierigkeiten mit der französischen Sprache hatte, sagt kürzlich zu mir: »Vati, sei doch so nett, schimpf mich aus, damit ich mich hinsetz' und lerne. Allein schaffe ich es nicht.« Er suchte den Druck der Autorität, weil es ihm an der Überzeugung fehlte, sie aus sich selbst entwickeln zu können.
Ich kenne das, mir ging es auf der Mittelschule nicht besser. Auch später dauerte es viele Jahre, bis mir die Zusammenhänge und Folgen, die sich aus dieser Einstellung ergaben, klarer wurden. Wir sollten sie uns überlegen und uns folgendes bewußt machen:

1. In unserer Erziehung werden wir ständig auf andere Leute und ihre Vorstellungen als für uns gültige Autoritäten fixiert. Der Zwang, den sie auf uns ausüben, die permanente Drohung ist ein starker Antrieb für unser Handeln. Die Angst vor Strafe oder Mißachtung ist das Hauptmotiv dafür, daß wir Disziplin üben.
2. Wenn dieser Zwang von außen wegfällt, etwa weil wir eine Vorstellung verwirklichen wollen, die nur uns nützt, fällt die Angst vor der Strafe als Antriebskraft weg. Wer ist schon daran interessiert, uns zu unserem Glück zu zwingen, wenn er davon nicht profitiert? Weil der Druck, der Zwang, weil die Drohung mit Bestrafung fehlt und wir uns nur uns selbst gegenüber verantwortlich sind – deshalb geschieht so vieles nicht, was nur uns allein nützen würde. Ganz einfach deshalb, weil wir uns selbst gegenüber keine Autorität besitzen.
3. Das heißt nun wieder, daß wir nicht imstande sind, der »Erziehung durch Erpressung« von außen keine mindestens ebenso wirksame Technik zur Selbsterziehung entgegenzusetzen. Wir sind darauf trainiert, ständig unter Drohungen zu leben. Wenn sie wegfallen, fehlt uns plötzlich die Antriebskraft.

Lassen Sie mich an diesem Punkt ein paar Sätze verweilen, weil es für unser Vorhaben notwendig erscheint. Es geht um die Schlußfolgerung: »Wenn wir uns vom Zwang der Erziehung von außen und durch andere befreien wollen, müssen wir uns eine Technik der Selbsterziehung aneig-

nen, die mindestens ebenso wirksam ist.« Und weiter: »Je mehr wir uns aus der Abhängigkeit von fremdem Zwang befreien wollen, um so besser müssen wir lernen, die Techniken der Selbsterziehung zu handhaben.«
Dies zu erkennen ist deshalb so wichtig, weil wir es geradezu als selbstverständlich hinnehmen, daß wir für alle möglichen Fertigkeiten Lehrzeiten und Mühen auf uns nehmen und Eignungsprüfungen absolvieren. Nur von der Fertigkeit, aus eigener Kraft das verwirklichen zu können, was uns Spaß macht, von dieser Fertigkeit nehmen wir an, daß sie keiner besonderen Bemühung bedarf.
Diese Vernachlässigung einer scheinbaren Nebensache hat für uns tiefgreifende Folgen. Die fehlende permanente Selbsterziehung treibt uns immer mehr in die Abhängigkeit von anderen. Unter dem Zwang dieser Abhängigkeit geben wir immer mehr von unserer eigenen Persönlichkeit auf. Wir verzichten auf die meisten unserer individuellen Bedürfnisse. Wir geben unser Leben aus der Hand und lassen andere darüber bestimmen. Unser Selbstbewußtsein nimmt ab, wir ordnen uns dem Massenverhalten unter und resignieren.
Sicherlich denken Sie jetzt, das alles sei doch recht übertrieben und pathetisch. Es mag pathetisch klingen, aber es ist ganz bestimmt nicht übertrieben.
Wie es wirklich um uns steht, wie unfrei wir tatsächlich sind, das merken wir erst, wenn wir uns die Zusammenhänge bewußt machen. Wenn wir endlich damit anfangen, uns ernsthaft mit uns selbst zu beschäftigen. Wenn wir aufhören, vor uns und der Lösung unserer Probleme davonzulaufen.
Kehren wir zurück zu der Erkenntnis: »Wenn wir uns vom Zwang der Erziehung durch andere befreien wollen, müssen wir eine Technik der Selbsterziehung lernen, die mindestens ebenso wirksam ist.«
Was bedeutet das?
Es bedeutet, daß wir zwei Voraussetzungen bei uns schaffen müssen: die richtige Einstellung und das Wissen um die wirkungsvolle Technik der Selbsterziehung. Es genügt nämlich nicht, wenn wir große Pläne für unser Leben in den kommenden fünf Jahren machen, aber nicht die Technik beherrschen, diese Pläne an jedem einzelnen Tag einen kleinen Schritt weiter zu verwirklichen.
Die Verwirklichung unserer Vorstellungen in kleinen Schritten, genau das ist es, woran viele Träume scheitern. Sie scheitern am Detail. Sie scheitern an der fehlenden Disziplin in jenem Augenblick, in dem wir vor der Alternative stehen: »Handle ich, oder laufe ich davon?«
Lassen Sie uns nach diesen Hinweisen im folgenden Abschnitt mit dem ersten praktischen Schritt unserer Selbsterziehung beginnen. Es ist nur ein kleiner Schritt, den allerdings niemand unterschätzen sollte.

Der Übergang zum selbstgelenkten Leben beginnt mit 20 Atemzügen an jedem Morgen

Die Übung, von der hier die Rede ist, dauert ungefähr drei Minuten. Es können auch vier oder fünf Minuten sein. Sie sollten diese Übung am Morgen machen. Wenn es möglich ist, immer zur gleichen Zeit. Etwa vor dem Frühstück.

Möglicherweise verspüren Sie bald Lust, die Übung öfter am Tag zu wiederholen. Immer dann, wenn Sie sich zur Arbeit hinsetzen oder zum Essen. Zum Zeitunglesen. Oder wenn Sie sich ins Auto setzen.

Die Übung besteht aus folgenden drei Teilen:

Erster Teil:

Sie setzen sich hin und nehmen die für Sie bequemste Stellung ein. Nicht nur eine bequeme Stellung, sondern wirklich die für Sie bequemste Stellung, die Ihnen unter den gegebenen Umständen möglich ist.

Zweiter Teil:

Sie regulieren Ihre Atmung. Weil Sie normalerweise ja unbewußt atmen, beginnt dieser Teil damit, daß Sie sich ganz bewußt mit Ihrer Atmung beschäftigen.

Wenn Sie ungestört sind, sollten Sie dreimal kräftig ein- und noch kräftiger und ausgiebiger ausatmen. Wenn Sie nicht allein sind und keine besondere Aufmerksamkeit erregen wollen, dann beginnen Sie sofort, den Atem zu regulieren:

Sie ziehen die Luft ruhig durch die Nase ein. Das sollte ungefähr so lange dauern, wie Sie brauchen, um bis vier zu zählen. Den Weg des Atems verfolgen Sie im Gedanken – wie er sich in Ihrem Körper immer tiefer nach unten senkt. Etwa bis in die Gegend unterhalb des Nabels.

Lassen Sie ihn dort ein paar Augenblicke lang ruhen, ehe Sie ihn wieder durch den Mund ausatmen. Langsam und ruhig und in der doppelten Zeit, die das Einatmen gedauert hat. Dann einige Augenblicke Pause, ehe das Ganze von vorne beginnt. Machen Sie 20 solcher Atemzüge. Zählen Sie mit, aber strengen Sie sich keinesfalls dabei an. Atmen Sie ruhig vor sich hin, ohne sich zu verkrampfen.

Dritter Teil:

Während Sie Ihre Atmung regulieren, beginnt der dritte Teil der Übung. Er besteht darin, daß Sie Ihre innere Ruhe herstellen. Allerdings nicht da-

durch, daß Sie sich dazu zwingen oder sich den Befehl geben: »Du bist jetzt ganz ruhig.« Im Gegenteil. Sie sollten gar nichts tun. Warten Sie darauf, bis die Ruhe kommt. Sitzen oder stehen Sie einfach da, atmen Sie völlig locker, und warten Sie, bis die Ruhe sich einstellt.
In diesen Minuten sollte es Ihnen völlig gleichgültig sein, was um Sie herum vorgeht oder was Ihnen in den folgenden Minuten oder Stunden bevorsteht. In diesen Minuten ist Ihnen alles gleichgültig, selbst die größten Sorgen und Probleme, die Sie vielleicht an diesem Tag belasten.
Diese Übung, das möchte ich betonen, entstammt keinem bestimmten System, wie etwa dem Yoga. Viele Menschen sind auf ähnliche oder gleiche Techniken ganz von selbst gekommen, wenn sie sich einige Zeit ernsthaft mit der Atmung beschäftigt haben. Man denkt ja, Atmung ist etwas, das ganz von selbst funktioniert. Wozu soll man sich besonders damit beschäftigen?
Da ist was Wahres dran. Wir atmen zweifellos richtig, wenn wir uns nicht mehr damit beschäftigen müssen. Das Problem ist nur, daß die meisten von uns nicht richtig atmen. Sie haben es verlernt, richtig zu atmen. Sie atmen zu hastig und zu oberflächlich. Vermutlich deshalb, weil ihnen nicht bewußt ist, welch wichtige Rolle die Atmung für uns spielt. Und zwar nicht nur für unseren Körper, sondern auch für den Geist. Vielleicht interessiert es Sie, daß es in China zahlreiche Sanatorien gibt, in denen die Heilmethode hauptsächlich aus verschiedenen, in Jahrtausenden überlieferten und verfeinerten Atemtechniken besteht. Es gibt eigene Techniken zur Heilung von Lungenkranken, andere helfen bei Leberleiden, bei Depressionen und so weiter. Die meisten Patienten in diesen Sanatorien sind nicht etwa Kurgäste, die sich ein wenig regenerieren wollen. Es sind vielmehr Patienten, die von der modernen Medizin als unheilbar abgeschrieben worden sind.
Sicherlich klingt für uns, die wir daran gewöhnt sind, Heilung ausschließlich von großen medizinischen Apparaturen, komplizierten Operationen oder teuren Medikamenten zu erwarten, für uns klingt »Heilung durch Atmungstechniken« nach Scharlatanerie. Aber vielleicht denken Sie eines Tages anders darüber, wenn Sie sich lange genug bewußt mit Ihrer eigenen Atmung beschäftigt haben. Wenn Sie durch bewußtes richtiges Atmen gelernt haben, auch unbewußt richtig zu atmen. Und wenn Sie dann bewußt Zusammenhänge zwischen Atmung und anderen körperlichen und geistigen Funktionen erleben.
Als ich begann, mich mit der oben beschriebenen Entspannungsübung zu beschäftigen, da war ich ganz wild darauf, alles nach Vorschrift zu machen. Wenn während des Übens lästige Gedanken in meinem Kopf herumschwirrten, versuchte ich sie damit zu vertreiben, daß ich mir immer wieder vorsagte: »Ich pfeif' auf die Welt und denke nichts.«

Später wurde mir dann klar, daß die Vorstellung »Ich muß es einfach schaffen, drei Minuten an nichts zu denken, das wäre doch wirklich gelacht« genau das Gegenteil von dem bewirkte, was sie bewirken sollte. Ich verkrampfte mich noch mehr. Der Erfolgswille, es schaffen zu müssen, löste diese Verkrampfung aus. Er war geradezu automatisch mit der Angst verbunden, es nicht zu schaffen, obwohl es doch eine so kindlich-einfache Sache ist. Wiederholt war ich knapp daran, die Versuche aufzugeben und mich mit irgendeiner Entschuldigung zufriedenzugeben.

Vielleicht denken Sie: »Diese drei Minuten mit dem ganzen Hokuspokus, die sollen tatsächlich etwas Entscheidendes bei mir bewirken? Ich weiß nicht recht.« Ich dachte ganz genauso, als ich vor Jahren in einem kleinen Büchlein folgendes las: »Um den Zustand des Gleichgewichts und der Ruhe zu erreichen, auf den wir unser tägliches Leben aufbauen können, folgen wir bestimmten körperlichen Regeln. Zuerst nehmen wir die richtige Stellung ein, dann regulieren wir den Atem. Schließlich sorgen wir für Ruhe in uns.«

Diese Zeilen stammen von einem Mann namens Shindai Sekiguschi. Er ist Abt eines buddhistischen Klosters in Japan und Universitätsprofessor. Er gilt als hervorragender Meister der Meditation. In diesem Zusammenhang hat er sich ein halbes Leben lang mit Atmung und Entspannung und dem »Die-innere-Ruhe-Herstellen« befaßt. Er gibt ein paar Hinweise, die nützlich sein können.

So sagt er: »Die erwähnten drei Schritte können für jede Arbeit und jede Tätigkeit nützlich sein. Es gibt für jede Arbeit eine bestmögliche Haltung. Nachdem sie eingenommen und der Atem reguliert ist, kann man sich der vorliegenden Aufgabe mit voller Konzentration widmen und hervorragende Resultate erzielen.«

Oder er sagt: »Wenn man mit seiner Arbeit oder irgendeiner anderen Tätigkeit beginnt, sollte man zuerst überlegen, welches die beste Körperstellung und Atmungsmethode dafür ist, und sich dann der Herstellung der richtigen Gemütsverfassung widmen.«

Schließlich sagt Shindai Sekiguschi noch: »Die mangelnde Erziehung des Körpers ist die häufigste Ursache, wenn es mißlingt, den Geist von allen störenden Gedanken zu befreien.«

Ich gebe gerne zu, daß das alles für Sie ein wenig sonderbar klingen mag. Ausdrücke wie »Atem regulieren«, »innere Ruhe herstellen« oder »den Geist von allen Gedanken befreien«, das hört sich tatsächlich fremdartig an. Vor allem, wenn wir uns daran gewöhnt haben, die Unruhe als normal hinzunehmen. Die Unruhe, die offenbar erforderlich ist, um uns die Verpflichtungen eines Tages bewältigen zu lassen.

Wir hetzen uns ab, um nur ja alles richtig zu machen und die Erwartungen zu erfüllen, die man in uns setzt. Unser Kopf ist voll von Gedanken, wie wir unsere Probleme lösen oder unser Versagen vor anderen verbergen können. Er ist voll von Ärgernissen, von Hoffnungen und gelegentlich auch von Bitterkeit.

Und da kommt einer und verlangt, entgegen allen Gewohnheiten, man solle stillsitzen, ruhig atmen und innerlich zur Ruhe finden?

Wissen Sie, was es bedeutet, wenn Sie diese drei oder vier Minuten dauernde Übung jeden Tag mindestens einmal machen? Es bedeutet, daß Sie in dieser Zeit etwas tun, zu dem Sie niemand zwingt, zu dem Sie sich selbst aus freien Stücken entscheiden. Sie sind auch niemandem dafür verantwortlich.

Vor allem aber bedeutet es, daß Sie eine Initiative ergriffen haben, die in mehrfacher Hinsicht wirksam wird:

- Sie haben damit begonnen, Ihr vorwiegend nach außen auf die Umwelt hin gerichtetes Leben jetzt ganz bewußt auch nach innen auszudehnen. Was durchaus dazu führen kann, daß Sie in Zukunft gar nicht mehr so sehr das Bedürfnis haben, sich vor Ihrer Umwelt zu produzieren oder sich ihretwegen zu ängstigen.
- Sie stellen – vorerst wenigstens nur für diese kurze Zeit – eine Harmonie zwischen Körper, Geist und dem her, was Sie Seele nennen. Ebenso können Sie natürlich auch »Ich« sagen. Damit machen Sie sich Zusammenhänge bewußt, daß Sie vielleicht bisher als selbstverständlich hingenommen haben, deren Harmonie jedoch gar nicht so selbstverständlich ist.
- Sie halten mit dieser Übung wenigstens einmal am Tag inne auf der ständigen Flucht vor dem Leben, vor der Realität oder vor sich selbst. Dabei wird während dieser Zeit der Ruhestellung alles völlig unbedeutend, was vorher möglicherweise in Ihrer Vorstellung erdrückend wichtig war. Auf diese Weise kann es dann geschehen, daß Sie im Laufe der Zeit auch für den Rest des Tages ein völlig neues Gefühl für die Bedeutung vieler Dinge bekommen.

Wohlgemerkt, dies und manches andere kommt nur in Gang, wenn Sie die Übung nicht nebenbei machen, weil es sich halt geradeso ergibt. Sie hat nur Sinn und eine praktische Auswirkung, wenn Sie sich ernsthaft mit ihr beschäftigen.

Nicht bloß jetzt und morgen früh und übermorgen. Es klingt hochtrabend, aber vielleicht verfehlt es doch nicht die Wirkung: Wirklich nützen wird Ihnen die Übung, wenn Sie sie für den Rest Ihres Lebens beibehalten. Ich wiederhole: für den Rest Ihres Lebens. Auch dann, wenn Sie alle anderen Techniken und Ratschläge, die sich aus dieser Übung ergeben, für überflüssig halten sollten.

Wenn Sie jetzt noch einen kleinen Anstoß brauchen, um anzufangen – hier ist er:

1. Setzen Sie sich bequem hin. Rücken Sie auf Ihrem Sessel hin und her, bis Sie wirklich bequem sitzen. Wenn Sie stehen wollen, stehen Sie, oder legen Sie sich hin. Auch im Gehen können Sie die Übung machen.
2. Dann dreimal ganz kräftig atmen. Den Atem regulieren: kürzer einatmen, den Atem bis unter den Nabel drücken, kurze Pause, ausatmen, und so weiter.
3. Während Sie die Atemzüge zählen, lassen Sie die Ruhe kommen. Kämpfen Sie nicht mit den störenden Gedanken. Lassen Sie sie vorbeiziehen.

Legen Sie jetzt also das Buch weg und versuchen Sie die Übung, ehe Sie umblättern und weiterlesen.

Es ist erstaunlich, wie viele verrückte Gedanken man in drei Minuten haben kann – finden Sie nicht auch?

Wenn Sie an dieser Stelle weiterlesen, dann haben Sie die im vorangegangenen Abschnitt beschriebene Übung zum ersten Mal hinter sich gebracht. »Na ja«, werden Sie vielleicht sagen, »ich weiß nicht recht, was ich von dieser Übung halten soll.« Ich kann das sehr gut verstehen. Als ich selbst es zum ersten Mal versuchte, war das eher eine betrübliche Erfahrung. Statt innere Ruhe zu finden, statt die Gedanken auszuschalten, überfielen sie mich in bis dahin ungewohnter Weise. Die verrücktesten Dinge kamen mir in den Sinn. Es war so arg, daß ich dazu neigte, die ganze Angelegenheit erst gar nicht richtig anzufangen. Heute, Jahre später, bin ich allerdings froh darüber, es nicht getan zu haben.
Ein paar Hinweise des auf diesem Gebiet erfahrenen japanischen Abtes Shindai Sekiguschi haben mir geholfen. Er sagt: »Man wird feststellen, daß es einige Zeit dauert, bis man fähig ist, zehn Atemzüge zu machen, ohne irgend etwas zu denken. Ich habe an die drei Jahre dazu gebraucht.«
»Beim Üben«, so sagt er weiter, »drängen sich einem alle möglichen Gedanken auf. Angenehme und unangenehme Erinnerungen. Dinge, die man anderen weder schriftlich noch mündlich mitteilen könnte. Peinliche oder beschämende Vorstellungen durchziehen das Gehirn.«
Schließlich kommt Sekiguschi zu der Feststellung: »Der Strom der Gedanken, die auf uns im Zustand der Entspannung eindringen, kann jedoch eingedämmt werden, wenn man nicht zu heftig dagegen ankämpft.«
Mir ging es lange Zeit so, wie es vermutlich auch Ihnen ergehen wird: Ich sah die Übung, von der hier die Rede ist, als eine Sache an, mit der ich möglichst rasch zum Erfolg kommen wollte. Es wäre doch gelacht, so dachte ich, wenn ich diese paar Minuten der Entspannung nicht schaffen könnte. Aber je mehr mein Ehrgeiz angeheizt wurde, um so mehr verkrampfte ich mich, und es wurde erst recht nichts Richtiges daraus.
Wer versucht, sich in diesen paar Minuten zu irgend etwas zu zwingen, für den hat diese Übung keinen Sinn. Er würde damit etwas weiterführen, was er schon den ganzen Tag über tut, wenn er unter Druck steht. Wenn er als Rechtfertigung für die Autoritäten, die über ihn verfügen, Leistung und Erfolg vorweisen muß.
Was jedoch in diesen Minuten der täglichen Übung geschehen soll, ist genau das Gegenteil. Nämlich Entspannung, Zwanglosigkeit, Entkrampfung. Nur uns allein verantwortlich sein, losgelöst von allen Abhängigkeiten.

Ich habe mir vorgenommen, nicht müde zu werden, Sie in diesem Buch immer wieder auf die Bedeutung dieser Zusammenhänge hinzuweisen und Ihnen ständig von den Erfahrungen zu berichten, die ich selbst im Verlaufe von Jahren gemacht habe.

Mit dieser Übung überschreiten Sie die Schwelle vom unbewußt-automatischen Gehorchen zum bewußten Selbstbestimmen. Sie schaffen sich eine kleine Insel der Stille und inneren Harmonie in der Hektik des Alltags. Sie lernen mit dieser Übung, wenn Sie sie lange genug trainieren, sich jederzeit während des Tages für ein paar Minuten in sich zurückzuziehen und abzuschalten. Das sind in dürren Worten nur einige Vorteile, die diese Übung mit sich bringt. Aber alle Worte sind kein Ersatz für die persönliche Erfahrung, die Sie selbst machen müssen.

Ich möchte Sie eindringlich davor warnen, die Übung als Rezept für irgendeinen schnellen Erfolg zu betrachten. So, wie die meisten Menschen eine absolvierte Fastenkur als die Lösung ihres Gewichtsproblems ansehen. Oder wie viele Pädagogen meinen, sie hätten schon genug für einen Schüler getan, wenn sie ihn dazu bringen, gute Noten im Zeugnis zu haben. Oder wie die Behörden immer wieder glauben, sie könnten undisziplinierte Autofahrer zu frommen Lämmchen machen, indem sie von Zeit zu Zeit »hart durchgreifen« und die Strafgebühr erhöhen.

Wir, und damit sind nicht nur wir als einzelne gemeint, sondern die ganze Gesellschaft, das ganze System, in dem wir leben, wir haben uns daran gewöhnt, Teilerfolge als die Lösung eines Problems anzusehen.

Wir wurden dazu erzogen, bei der nächsten Schularbeit eine gute Note zu haben oder als Erwachsene auf der Straße nur deshalb langsam zu fahren, damit uns keine Polizeistreife erwischt. Wie wir überhaupt darauf trainiert wurden, uns nicht erwischen zu lassen.

Dieses Problem der oberflächlichen Problembewältigung ändert natürlich nichts zum Besseren. Es beschönigt kritische Situationen vorübergehend und lenkt durch schnelle Erfolge von der Unfähigkeit ab, langfristige Vorstellungen beharrlich zu verwirklichen. Unsere kleine, unscheinbar erscheinende Übung ist der erste wichtige Schritt, sich aus dieser Schablone zu befreien und ein eigenständiges Leben zu führen. Das kann hier gar nicht oft genug betont werden.

Deshalb ist es auch nicht wichtig, wenn sich nicht sofort Erfolge einstellen. Verfolgen Sie dennoch unbeirrt das Ziel, die störenden Gedanken eines Tages abschalten zu können. Aber nicht durch Willenskraft, sondern dadurch, daß Sie »nicht zu heftig dagegen ankämpfen«, wie der Meditationslehrer Sekiguschi sagt.

Wichtig ist vor allem, daß Sie die Übung an jedem Tag machen. *Einmal* unter allen Umständen, aber wenn Sie Lust dazu haben, auch öfter. Wichtig ist auch, daß Sie nichts, aber auch wirklich nichts als Entschuldigung dafür gelten lassen, sich diese paar Minuten Zeit genommen zu haben.

Ich selbst fuhr heute früh mit dem Zug von einer Rundfunkaufzeichnung nach Hause. Als ich es mir im Abteil bequem gemacht hatte, begann ich mit der Übung. Obwohl sie bei mir schon seit Jahren tägliche Gewohnheit geworden ist, war in diesen Augenblicken mein Kopf voll verrückter Gedanken. Gedanken über die Arbeit, die ich gerade hinter mich gebracht hatte. Gedanken über die Dame, die mir gegenübersaß und gelegentlich von ihrer Zeitung aufblickte, um mich eingehend zu betrachten.

Ich fragte mich, ob ich ihr gefiele, und musterte verstohlen ihre Beine und ihren Busen. Gleich darauf dachte ich – wohl als eine Art instinktives Alibi – an meine Frau und die Kinder. Ich freute mich, sie in ein paar Stunden wiederzusehen. So ging das weiter, während ich monoton meine Atemzüge zählte.

Ich zählte und ließ die Gedanken kommen und gehen und spürte, wie ich mich dabei entspannte und wie sich eine angenehme Gelassenheit in mir breitmachte. Eine Harmonie, in die auch die wirren Gedankensprünge einbezogen waren, gegen die ich einfach nicht ankämpfte. Das ist, wie gesagt, eine Erfahrung, die man selber machen muß. Je öfter man sie macht, desto besser. Bis die Ruhe der drei Minuten auf unsere Einstellung für den Rest des Tages übergreift. Ist es nicht einleuchtend, wenn ich behaupte:

- Wer imstande ist, täglich diese kleine Übung zu machen, wird nach einiger Zeit daraus genug Selbstvertrauen schöpfen, genug Disziplin, um größere Vorhaben leichter bewältigen zu können.
- Wer imstande ist, täglich mindestens einmal drei Minuten lang Hast, Zwänge, Streß, Bedrohung und Sorgen bewußt abzuschütteln, wird eines Tages auch leichter die richtige Distanz zu den Dingen finden, die ihn daran hindern, so zu leben, wie er leben möchte.

Eine Zusammenfassung, ehe Sie weiterlesen.

Die kleine Übung aus dieser Lektion ist natürlich zuerst einmal eine Entspannungsübung. Aber vielleicht haben Sie nach den ersten Versuchen schon bemerkt, daß mehr dahintersteckt. Etwa folgendes:

- Mit dieser Übung halten Sie inne im täglichen Kreislauf der Flucht vor sich selbst.
- Diese Übung – vorausgesetzt, Sie machen sie täglich – ist ein Training zur Festigung Ihres Selbstbewußtseins. Wer es fertigbringt, sich täglich wenigstens einmal für diese Übung zu entscheiden, dem gibt dieser kleine tägliche Sieg über seine Bequemlichkeit nach einiger Zeit genug Selbstvertrauen, größere Aufgaben zu bewältigen.
- Schließlich machen wir mit dieser Übung jedesmal einen Schritt zur Befreiung vom Zwang der Erziehung durch andere. Ein respektabler Gewinn, den diese kleine Übung abwirft, finden Sie nicht auch? Vorausgesetzt, wie gesagt, wir nehmen sie nicht auf die leichte Schulter.

Zweite Lektion

Wer rechtzeitig für die wichtigsten Bereiche seines Lebens eine Verhaltensvorstellung entwickelt, kann von den Schicksalsschlägen des Tages nicht überrascht werden. Wer immer nur hofft, daß die schönen Dinge des Lebens eintreffen, und wer die Möglichkeit einer Niederlage ständig verdrängt, wird leicht aus der Bahn geworfen.
In dieser Lektion erfahren Sie, was Sie berücksichtigen sollten, wenn Sie sich mit Ihren Lebensvorstellungen beschäftigen. Hier erfahren Sie auch, wie wichtig es ist, in guten Zeiten das Verhalten in Krisen zu trainieren. Nicht nur ab und zu, wenn uns Zeit dafür übrigbleibt, sondern täglich – ein Leben lang. Ehe Sie diese Seite umblättern, vergessen Sie nicht, sich bequem hinzusetzen, Ihren Atem zu regulieren und die innere Ruhe herzustellen. Wie es überhaupt wichtig ist, für jede Tätigkeit die dafür bequemste Stellung einzunehmen.

Die ewige Hoffnung, daß gerade uns nichts passiert – und die verhängnisvollen Folgen

Zu den Ängsten, die uns ständig beunruhigen, gehört die Vorstellung, daß etwas passieren könnte, auf das wir nicht vorbereitet sind. Und doch könnten wir uns auf alle möglichen unliebsamen Überraschungen rechtzeitig und in aller Ruhe vorbereiten. Wir tun es nur deshalb nicht, weil wir aus unserem Denken die Möglichkeit verdrängen, daß ganz bestimmte Ereignisse eintreten könnten.

Es liegt durchaus im Bereich der Möglichkeit, daß:

- Sie morgen von einem Auto überfahren werden und ohne Beine im Rollstuhl weiterleben müssen.
- Sie nächste Woche erblinden.
- Ihr Arzt Ihnen mitteilt, daß Sie an Krebs erkrankt sind.
- Sie am kommenden Sonntag die Entdeckung machen, daß Ihr Partner Sie schon seit 10 Jahren betrügt.
- In ein paar Stunden ein ernster Herr an Ihre Türe klopft und Ihnen mitteilt, daß Sie eine Million geerbt haben.

Wären Sie auf all das oder auch nur auf eine einzige dieser durchaus realen Möglichkeiten vorbereitet?

Werden Sie darauf vorbereitet sein, daß Sie eines Tages für den Rest Ihres Lebens ein Rentnerdasein führen müssen?

Sie werden sagen: Aber klar weiß ich, daß ich eines Tages nicht mehr zu arbeiten brauche, doch bis dahin sind es noch zwei Jahrzehnte. Das klingt ähnlich dem, was laut einer Meinungsumfrage die meisten Menschen denken, wenn ein Rettungswagen an ihnen vorbeifährt. Sie denken: »Der arme Teufel, der da drinnen liegt, tut mir leid, mir passiert so etwas ja Gott sei Dank nicht.«

Vielleicht bringt Sie in nächster Zeit wirklich kein Rettungswagen ins Krankenhaus, vielleicht erben Sie auch keine Million. Aber in den Ruhestand gehen wir fast alle, sterben werden wir eines Tages alle, auch Krebs können wir alle bekommen. Und an jedem einzelnen Tag passieren Dinge, auf die wir vorbereitet sein sollten, aber es nicht sind.

Warum sind wir es nicht?

Weil wir die Möglichkeit verdrängen, daß gerade uns so etwas passiert. Wir wollen nicht wahrhaben, daß etwas eintreten kann, vor dem wir uns fürchten, und klammern uns an die Hoffnung, daß wir ungeschoren davonkommen.

Weil wir uns dieser ewigen Selbsttäuschung hingeben, trifft uns so oft der Überraschungs-Schock. Deshalb sprechen Psychologen von einem »Pensions-Schock«, der wie eine Seuche grassiert, weil viele Menschen bis zum letzten Augenblick die Vorstellung verdrängt haben, sich auf diesen letzten Abschnitt ihres Lebens vorzubereiten.

In ihnen ist die Ansicht verankert: »Wenn du nicht mehr arbeitest, bist du kein vollwertiger Mensch.« Dieses tiefverwurzelte Klischee hindert sie daran, der Realität ins Auge zu schauen und sich sorgfältig auf den entscheidenden Tag vorzubereiten. Ist er dann da, beginnt für sie ein Leidensweg, der nicht wenige vorzeitig ins Grab führt.

Im Leben ungezählter Menschen ist ein Mechanismus wirksam, der folgendermaßen abläuft:

- Von ihrer Umwelt werden ganz bestimmte Wertmaßstäbe festgelegt. Bestimmte Vorgänge werden als positiv, andere werden als negativ gewertet.
- Daraus entstehen klischeehafte Assoziationen, die uns automatisch beeinflussen. Häßlich ist schlecht, schön ist gut. Blonde Frauen sind kühl, schwarzhaarige sind rassig. Sterben ist schrecklich. Wer viel arbeitet, muß fleißig sein; wer wenig arbeitet, ist wahrscheinlich faul. Gebären bedeutet Schmerz. Krebs ist tödlich. Impotenz ist lächerlich. Weinen ist unmännlich. Blitzblanke Wohnung bedeutet gute Hausfrau, unaufgeräumte Wohnung bedeutet schlechte Hausfrau.
- Wir hoffen, daß sich in unserem Leben möglichst viel »Positives« erfüllt, und versuchen unentwegt, alles »Negative« fernzuhalten. Wir versuchen das auf vielfältige Weise. Indem wir etwa ein Ereignis in unserem Leben laut und fröhlich feiern, um damit alle Gedanken an negative Aspekte zu übertönen.

Zu den erstaunlichsten Beispielen dafür gehört die Einstellung, mit der die meisten Ehen geschlossen werden. Obwohl wir alle dutzendfach gescheiterte Ehen miterleben – von den Scheidungen ganz zu schweigen –, schreiten unverzagt weiter Scharen unverbesserlicher Illusionisten zum Traualtar, mit nichts anderem als mit der vagen Hoffnung, daß es schon irgendwie klappen werde.

»Das Bemerkenswerteste für mich ist immer wieder«, staunte kürzlich der bekannte Wiener Scheidungsanwalt Dr. Werner Sporn, »wie nahezu alle Leute ihre Ehen in dem grenzenlosen Optimismus schließen, daß gerade ihre Verbindung bis in alle Ewigkeit glücklich fortbesteht. Keinen Augenblick lang scheinen sie daran zu denken, daß irgend etwas ihren Traum zerstören könnte.«

Tritt dann das Ereignis ein, an das wir nie zu denken wagten, sind wir nicht nur auf die Folgen nicht vorbereitet, der Schock lähmt auch unsere Fähigkeit, sinnvoll zu reagieren. Wir haben nicht die geringste Vorstellung, wie wir uns verhalten sollen, um möglichst heil davonzukommen.

Der Schock führt schließlich dazu, daß wir das Ausmaß des Fehlschlages maßlos überschätzen. Wir schlagen wild um uns, geraten in Panik und werfen uns hilfesuchend in die Arme derer, die uns Hilfe anbieten. Weil sie dazu berufen sind, uns zu helfen? Nein. Weil sie nicht schlecht davon leben, daß es Millionen Menschen gibt, die sich haargenau nach dem beschriebenen Mechanismus verhalten.

Nur der Vollständigkeit halber wiederhole ich hier noch einmal, was dies bedeutet. Es bedeutet Abhängigkeit von anderen, an die wir uns um Hilfe wenden.

Wir tun es in der Erwartung, daß sie uns schon irgendwie aus der Bedrängnis befreien werden, in die wir geraten sind.

Auch wenn sie guten Willens sind, können sie unsere Schwierigkeit meist nur lindern.

Helfen können sie uns nicht, weil wir die Voraussetzungen dafür von vornherein mißachtet haben. Was hätten wir tun sollen? Wir hätten von Anfang an alle Eventualitäten in unser Vorhaben einbeziehen sollen. Etwa auf folgende Weise:

Erste Stufe:

Wir machen uns von den anerzogenen Wertungsklischees frei und ziehen von vornherein beide Möglichkeiten ins Kalkül, jene, die wir uns nicht wünschen, ebenso wie jene, die wir erhoffen. Statt tatenlos auf das »Positive« zu warten und das »Negative« angstvoll zu verdrängen, rechnen wir damit, daß beides passieren kann.

Zweite Stufe:

Wenn wir durch diese grundsätzliche Einstellung auf jede mögliche Wendung vorbereitet sind, sollten wir eine ganz konkrete Vorstellung entwikkeln, wie wir uns verhalten wollen, möglichst frei von den Einflüssen des Augenblicks.

Für das Beispiel Ehe könnte das bedeuten, daß sich zwei Partner schon vor der Hochzeit zusammensetzen und gemeinsam entscheiden:

- Welche Voraussetzungen sie erfüllen müssen, um das anfängliche Glück möglichst lang zu erhalten.
- Wie sie sich verhalten wollen, wenn das Schlimmste eintritt, das sie nicht erhoffen, mit dem man aber rechnen soll.
- Welche konkreten Maßnahmen sie ergreifen wollen, um eine Trennung in gutem Einvernehmen durchzuführen, wenn eine andere Lösung nicht mehr möglich erscheint.

Wissen Sie, wieviel Leid und Haß, wieviel Bitterkeit (und natürlich auch Geld) ungezählten Eheleuten und ihren Kindern erspart geblieben wären, wenn sie vor der Hochzeit für alle möglichen Eventualitäten eine Lösungsvorstellung entwickelt hätten?

Die Ehe ist nur ein Beispiel dafür, wie wir uns das Leben um vieles leichter machen könnten, wenn wir uns nicht allein auf eine vage Hoffnung und die Hilfe anderer verlassen. Dies gilt für das Leben in allen Bereichen, von der Krankheit bis zum Tod, vom Essen und Trinken, Geld und Kindern bis zum Verhalten der Mitwelt gegenüber.

Wie wir uns auf böse Überraschungen vorbereiten, damit uns der Schock nicht hilflos trifft

Es gibt Menschen von außergewöhnlicher Geistesgegenwart. Sie sind imstande, blitzschnell zu reagieren und sich jeder neuen Situation anzupassen. Ich habe sie immer beneidet, denn mir ist diese Eigenschaft nicht angeboren. Ich habe viele Jahre darunter gelitten, daß mich unvorhergesehene Widrigkeiten wie Keulenschläge trafen.

Wenn mich jemand beschimpfte oder beleidigte, stand ich hilflos da und war wie gelähmt. Ich selbst war immer ein gutmütiger Mensch, es machte mir nie Freude, Schwächeren gegenüber meine Stärke hervorzukehren oder bewußt jemanden zu verletzen. Deshalb war ich immer auf die Vorstellung fixiert, ein anderer könnte das mit mir auch nicht machen. Ich hatte Angst davor, beleidigt zu werden. Deshalb war ich allen gegenüber betont höflich. Ich hatte auch schreckliche Angst, vor anderen lächerlich gemacht zu werden. Wenn ich mit Menschen zusammen war, die es verstanden, sich und ihre Ansichten rücksichtslos durchzusetzen, dann duckte ich mich wie ein verschrecktes Kaninchen. Später verteidigte ich meine Unfähigkeit, richtig zu reagieren, vor mir selbst damit, daß ich eben ein friedliebender Mensch sei, der nicht streiten wolle.

Zu dieser Zeit meines Lebens war ich überzeugt, daß eine gute Entschuldigung, ein gutes Argument mindestens genauso wichtig wären wie eine gute Lösung. Jahre später wurde mir erst klar: Es gibt für eine richtige Lösung keinen wie immer gearteten Ersatz. Jeder Ersatz bringt uns nur immer tiefer in Schwierigkeiten.

Weil sich die Lösungen für die Probleme unseres Lebens nicht von selbst ergeben, begann ich etwas zu entwickeln, das ich »Mein Lebensbuch« nannte. Es handelte sich um nichts anderes als um konkrete Überlegungen, wie ich den Rest meines Lebens möglichst glücklich zu Ende bringen könne und welche Voraussetzungen dazu erforderlich seien.

Dieser Lebensplan bestand aus verschiedenen Abschnitten. Einer trug den Titel: »Sechzehn Lebensvorstellungen, die meinem Leben Sicherheit geben.« Ich dachte dabei an Fußballmannschaften, die immer wieder bestimmte Spielzüge trainieren, um bei passender Gelegenheit eine Torchance herauszuspielen. Oder an Flugkapitäne, die an Simulatoren lernen müssen, wie man in Gefahrensituationen mit schlafwandlerischer Sicherheit die richtigen Handgriffe macht. Warum sollte diese Methode mir nicht helfen, das Alltagsleben und gewisse immer wiederkehrende Entscheidungssituationen besser zu bewältigen?

Voraussetzung war natürlich, daß ich mich zuerst einmal mit diesen Situationen beschäftigte. Ich mußte sie studieren, und ich mußte mir klar werden, wie ich mein Leben glücklich gestalten wollte. Aus diesem allgemeinen Ziel ließ sich meine Einstellung und mein Verhalten im Alltag ableiten. Nach diesem Vorgang des Planens konnte ich schließlich dazu übergehen, die theoretisch erarbeiteten Vorstellungen so lange zu trainieren, bis sie mir über alle Alltagsschwierigkeiten mit der erwähnten »schlafwandlerischen Sicherheit« hinweghelfen würden.
Die entscheidende Anregung für dieses Vorgehen kam von einem guten Bekannten, von dem ich gleich noch ausführlicher erzählen werde. Er empfahl mir, zuerst eine Liste aller Situationen und Bedürfnisse meines Lebens aufzustellen, für die ich konkrete Vorstellungen finden und trainieren wollte. Diese Liste sah so aus:

1. Schlafen und Aufstehen
2. Essen und Trinken
3. Angst und Zweifel
4. Konzentration und Reaktion
5. Positive Einstellung
6. Kreativität und Gedächtnis
7. Reden und Schweigen
8. Ausdauer und Geduld
9. Potenz und Sex
10. Schmerz
11. Krankheit und Tod
12. Körper und Gesundheit
13. Verdauung
14. Besitz von Geld
15. Ehe und Partnerschaft
16. Kinder und Erziehung

Einige dieser Punkte sind natürlich auf meine ganz persönlichen Erfordernisse zugeschnitten, andere wieder sind von allgemeinem Interesse. Wie etwa »Essen und Trinken«, »Ehe und Partnerschaft« oder »Reden und Schweigen«.
Ich kenne beispielsweise sehr viele Menschen, die regelmäßig viel mehr essen und trinken, als sie möchten. Sie wissen genau, wann sie aufhören sollten, tun es aber nicht. In dem Augenblick, wo sie die richtige Entscheidung fällen müßten, die ihrer Vorstellung entspricht, sind sie unfähig, den Vorsatz in die Tat umzusetzen. Dabei flüchten sie sich in raffinierte Entschuldigungen, warum sie nicht tun, was sie sich vorgenommen haben.

Erst im nachhinein, wenn das Kopfweh verflogen ist und alle Nachteile ihres Verhaltens klar erkennbar werden, kehrt von neuem das Bedürfnis wieder, sich in Zukunft ganz anders zu verhalten. Sie kennen diesen Vorgang sicherlich aus eigener Erfahrung. Oft werden Sie sich gefragt haben: Wie kommt es eigentlich, daß ich die meisten meiner guten Vorsätze im entscheidenden Augenblick doch nicht befolge?
Ich glaube, es liegt daran, daß uns nie jemand bewußtgemacht hat, welche Zusammenhänge zwischen Vorsatz und Verwirklichung bestehen. Vor allem aber: Was wir selbst tun müssen, um den Vorsatz so stark in uns zu verankern, daß er wie ein Motor im richtigen Augenblick anspringt und die geplante Handlung auslöst. Man hat uns als vage erzieherische Hinweise Reizworte wie Willenskraft, Selbstüberwindung oder Selbstbeherrschung mit auf den Weg gegeben. Aber niemand hat uns erklärt, wie diese Fähigkeiten zu erlangen und zu handhaben sind. Vor allem nicht von uns Alltagsmenschen, die wir nicht die Absicht haben, ein mönchisches Leben zu führen oder für den Marathonlauf bei den Olympischen Spielen zu trainieren.
Das erzieherische Niemandsland zwischen Vorsatz und Verwirklichung ist jener Bereich, in dem unsere Selbsterziehung angesiedelt ist. Die in der ersten Lektion beschriebene Übung, die Liste der Lebenssituationen und vieles von dem, was Sie auf den folgenden Seiten lesen, bezieht sich darauf. Was die Liste der Lebensvorstellungen betrifft, so ist das Problem natürlich nicht gelöst, wenn wir sie erarbeitet und fein säuberlich niedergeschrieben haben. Nur das zu tun und damit darauf zu hoffen, daß sich fortan alles von selbst realisiert, würde uns nicht weiterbringen. Ehe wir uns mit den Methoden des Verwirklichens beschäftigen, lassen Sie uns in dieser Lektion noch einige Überlegungen zur Entwicklung unserer Lebensvorstellungen anstellen.

Vier praktische Hinweise, die Sie kennen sollten, ehe Sie darangehen, Ihre Lebensvorstellungen zu entwickeln

Ich kann Ihnen nicht sagen, wie umfangreich die Liste Ihrer Lebenssituationen sein soll. Ob sie aus 5, 15 oder 50 Punkten bestehen soll. Wobei es durchaus der Fall sein kann, daß Sie mit 5 beginnen und im Laufe der Jahre weitere dazukommen. Was ich Ihnen aus meiner eigenen jahrelangen Erfahrung berichten kann, ist folgendes:

1. Geben Sie sich keinesfalls damit zufrieden, sich bloß in Gedanken mit Ihren Lebensvorstellungen zu beschäftigen. Schreiben Sie sie unbedingt auf.
   Was wir aufgeschrieben haben, bleibt auch dann der einmal festgelegte Maßstab unseres Verhaltens, wenn wir schwach werden sollten. Manche Menschen legen sich nur deshalb niemals fest, um ihre Ziele immer ihrer augenblicklichen Verfassung anpassen zu können. Und wie wir alle wissen, ist die Neigung groß, sich selbst gegenüber viel nachgiebiger zu sein, als die anderen es mit ihren Forderungen an uns sind.
   Wenn wir aber durch Selbsterziehung zu einer möglichst großen Unabhängigkeit gelangen wollen, müssen wir uns selbst konsequent an unsere eigenen Maßstäbe halten.
2. Beginnen Sie damit, daß Sie die im vorangegangenen Abschnitt beschriebene Liste erarbeiten. Lassen Sie sich dabei Zeit. Es hätte wenig Sinn, wenn Sie nur jene Punkte auf die Liste setzten, mit denen Sie sich gerne beschäftigen, oder von denen Sie annehmen, daß Ihnen deren Verwirklichung keine großen Schwierigkeiten bereitet. Täuschen Sie sich auf diese Weise nicht selbst. Die Liste soll ja der erste praktische Schritt sein, die unangenehmen Dinge aus der Verdrängung hervorzuholen, um sich rechtzeitig mit ihnen auseinanderzusetzen.
3. Wenn die Liste aufgestellt ist, besteht der nächste Schritt darin, für jeden einzelnen Punkt eine Zielvorstellung zu finden, die Ihren ganz persönlichen Möglichkeiten entspricht.
   Fragen Sie sich bei jedem einzelnen Punkt: »Wie möchte ich sein? Wie möchte ich mich verhalten? Was wäre mein Ideal?« Lassen Sie dabei Gedanken freien Lauf, die Sie bisher mit dem Argument unterdrückt haben: »Das schaffe ich ja doch nicht, da hat es gar keinen Sinn, es mir vorzunehmen.«
   Schreiben Sie auf, wie Sie Ihre Ehe führen möchten, und würgen Sie

den Gedanken daran nicht gleich mit dem Argument ab, daß mit Ihrem derzeitigen Partner doch nichts zu machen sei. Oder schreiben Sie: »Meine Verdauung ist nicht in Ordnung. Ich werde dieses Problem nicht mehr verdrängen und mit Abführmitteln kurzfristig zu lösen versuchen. Ich werde vielmehr nach einer endgültigen Lösung suchen. Ich werde mich selbst informieren und mich nicht mehr allein darauf verlassen, was ein Arzt mir verschreibt.«

Sie werden, wenn Sie die Sache einigermaßen ernst nehmen, sehr bald feststellen, daß es Ihnen plötzlich Spaß macht, sich mit Problemen auseinanderzusetzen, die Sie vorher aus Scham, Bequemlichkeit oder welchen Gründen immer verdrängt haben.

4. Wenn Sie schließlich alles durchdacht und aufgeschrieben haben, hat es wenig Sinn, wenn Sie Ihre Aufzeichnungen in eine Schublade legen, um sie nie wieder anzuschauen. Diese niedergeschriebenen Lebensvorstellungen sollen nur der Anfang sein, sich selbst besser kennenzulernen, aus diesem gründlicheren Wissen über sich einen langfristigen Lebensplan zu entwickeln und die Technik zu erlernen, das Vorgenommene zu verwirklichen. Deshalb ist es notwendig, sich so oft wie möglich mit den erarbeiteten Unterlagen zu beschäftigen.

   Was Sie mit Ihren Lebensvorstellungen besitzen, ist noch keineswegs die Lösung aller Probleme. Aber Sie wissen immerhin, wie Sie sich in bestimmten Situationen verhalten möchten. Und das ist Ihre Alternative zu dem, was Ihnen der Zufall bringt oder andere Ihnen aufzwingen.

   Lassen Sie mich versuchen, dies an drei Beispielen aus meiner eigenen Erfahrung zu erläutern:

Erstes Beispiel:
Als ich mich mit meiner Lebenssituation »Positive Einstellung« auseinandersetzte, kam ich zu der Einsicht, daß Kritisieren in den meisten Fällen das Gegenteil von dem bewirkte, was ich erwartete. Es löste bei anderen Menschen Abwehr und manchmal auch Angriff aus, während ich sie doch überzeugen wollte. Als mir das bewußt geworden war, legte ich unter »Positive Einstellung« eindeutig schriftlich fest, niemanden mehr zu kritisieren.

Natürlich tue ich es gelegentlich immer noch. Natürlich bin ich oft ungeduldig und ungerecht. Aber ich weiß, daß es falsch ist, weil ich es nicht tun möchte. Andererseits weiß ich aber auch, daß ich nie aufhören werde, mich selbst nach meinen eigenen Vorstellungen zu erziehen, gleichgültig, wie oft ich dabei versage. Es entmutigt mich nicht, weil ich weiß, daß ich noch etliche Jahre zur Verfügung habe, um in der Verwirklichung meiner Vorstellungen voranzukommen.

Zweites Beispiel:
Wenn ich früher in Gesellschaft war, ließ ich mich sehr oft dazu verleiten, in einer fröhlichen Nacht zuerst Bier mit Schnaps, dann Wein, vielleicht auch Sekt und nachher noch einen oder mehrere doppelte Cognacs zu trinken. Wie den meisten, bekam mir das niemals gut. Noch heute erschreckt mich die Vorstellung, was diese Trinkgewohnheit in meinen Gedärmen angerichtet haben muß. Während ich mich mit meiner Situation »Essen und Trinken« beschäftigte, las ich sehr viel über Alkoholismus und seine Auswirkungen sowie über die Regenerationsmöglichkeiten des Magen- und Darmtraktes.
Heute, nachdem ich meine Verhaltensvorstellung klar festgelegt habe, fällt es mir in 95 von 100 Fällen leicht, nicht *mehr* zu trinken, als ich vertrage, und auch nur *das* zu trinken, was mein Magen und mein Darm verträgt.

Drittes Beispiel:
Es gehörte früher zu meinen besonderen Schwächen, daß ich vieles, was mir nicht im ersten Anlauf gelang, bald entmutigt aufgab. Ich hielt das Versagen für eine Schande. Inzwischen habe ich längst schriftlich festgelegt:
»Wenn ich überzeugt bin, daß ich etwas tun soll und tun kann, hält mich nichts davon ab, es so oft zu versuchen, bis es gelingt. Ich weiß, daß ich immer wieder Niederlagen erleide, aber das kann mich weder überraschen noch entmutigen. Ich betrachte sie als etwas Nützliches, das mir aufzeigt, wo die Fehler sind, die ich beim nächsten Mal vermeiden muß.«
Dieses Wissen und diese fest in mir verankerte Vorstellung machen es mir heute leicht, in Situationen fröhlich zu bleiben, in denen ich früher voll Bitterkeit und Enttäuschung an mir selbst verzweifelte.

»Mit 40 beginnt das Leben, mit 50 die Freiheit, mit 60 möchte ich weise sein.«

Ein Grund, warum so viele Menschen mit ihrem Leben nicht richtig fertig werden, ist ihre Unfähigkeit, ihr tägliches Verhalten als Bestandteil einer umfassenden Vorstellung zu sehen, die sie von ihrem Leben haben. Sie besitzen keine solche Vorstellung, weil sie viel zu ungeduldig sind, sich damit zu beschäftigen. Wenn ich weiß, daß ich mit 40 Jahren meinen beruflichen Höhepunkt erreichen will, und wenn ich mir rechtzeitig die erforderlichen Schritte zu diesem Ziel überlegt habe, dann brauche ich nicht ungeduldig zu sein. Ich kann mich auf jeden einzelnen Schritt konzentrieren, denn ich weiß, wo es langgeht. Wenn ich mit vierzig beruflich auf dem Höhepunkt sein will, kann ich rechtzeitig wieder eine Vorstellung entwickeln, wo ich mit 45, 50 oder 60 sein will.
Damit will ich sagen: Genauso wichtig wie die konkrete Vorstellung von unserem täglichen Verhalten ist eine möglichst konkrete Vorstellung von unserem ganzen Leben, so daß wir die Tagesvorstellungen in unser Lebensbild einordnen können.
Ich kenne ein paar Senkrechtstarter, die mit 35, 36 Jahren so ziemlich alles in ihrem beruflichen Leben erreicht hatten, was sie sich erträumten. Da saßen sie dann mit viel mehr Geld, als sie ausgeben konnten, und wußten nichts Rechtes mehr mit sich anzufangen. Ihr ganzes Streben war so auf äußeren Erfolg, auf Prestige und Geldverdienen ausgerichtet, daß ihr Leben jetzt, als sie das alles besaßen, keinen rechten Sinn mehr hatte. Bei dreien von ihnen ging die Ehe kaputt, zwei verloren das Interesse an ihrem Beruf und an der Firma, sie suchten sich etwas anderes. Man kann sagen, daß sie alle nicht auf den Überraschungs-Schock vorbereitet waren, am Höhepunkt ihres Erfolges angelangt zu sein.
Alle hatten ganz konkrete Pläne für das, was sie beruflich beschäftigte. Für den Ausbau der Transportorganisation in ihrem Betrieb, für die Notwendigkeit der Umstellung auf Computer, und was man heute eben so wissen muß. Nur für sich selbst, für den folgerichtigen Ablauf ihres eigenen Lebens, hatten sie keine langfristigen Pläne.
Ich war viele Jahre lang mit einem Mann befreundet, auf den genau das Gegenteil zutrifft. Als er vor ein paar Monaten starb, machte ich die eigenartige Feststellung, daß ich überhaupt nicht traurig war. Mir erschien sein Tod irgendwie selbstverständlich. Wie die logische Folge seines Lebens. Ich hatte nicht das Gefühl, daß er vom Leben noch mehr erwartete, als er herausgeholt hatte.

In den vielen Stunden, die wir über die – wir wir es nannten – »Geheimnisse des Menschseins« diskutierten, sagte er mir gelegentlich: »Das Sterben, mein Lieber, ist ein Bestandteil des Lebens. Das Schlechte ist ein Bestandteil des Guten. Die Niederlage ist ein Bestandteil des Sieges. Wer das weiß und eine Vorstellung hat, wie er damit fertig wird, dem kann nichts passieren.«

Dieser Mann – ich habe ihn schon im vorangegangenen Abschnitt erwähnt – hieß Carl F. Brenn. Er war als Soldat im Zweiten Weltkrieg verwundet worden und lag sechs Monate in einem Lazarett. In diesen Tagen und Wochen, in denen er nicht wußte, ob er überleben würde, beschloß er, den Rest seines Lebens – falls er jemals wieder gesund werden würde – bewußt und geplant zu verbringen. Er teilte die Jahre, die er noch zu leben hoffte, in Perioden ein und legte Ziele für sie fest.

»Mit 40«, so beschloß er, »beginnt mein Leben. Bis dahin werde ich mit allen mir zur Verfügung stehenden Mitteln das schaffen, was für den Rest meiner Jahre wichtig ist. Dann will ich mir bis 50 einen Bereich größtmöglicher innerer Freiheit schaffen als Voraussetzung für größtmögliche äußere Freiheit. Dann möchte ich bis 60 ein weiser Mann sein, der vor dem Sterben keine Angst mehr hat.«

Was mich an dieser Geschichte immer besonders faszinierte, war die Tatsache, daß er sich diese Gedanken zu einem Zeitpunkt machte, als noch Krieg war und keiner absehen konnte, wie die Zukunft aussehen würde. Wenn ich ihn darauf ansprach, erklärte mir Brenn mit einem feinen Lächeln: »Wissen Sie, wenn man einen Plan für den Rest seines Lebens macht, spielt es überhaupt keine Rolle, ob man im Augenblick im größten Luxus oder in der größten Not sitzt.«

Ich konnte sein Leben mehr als 20 Jahre lang verfolgen. Wie er seinen Beruf aufgab, um nur mehr so viel zu arbeiten, wie er selbst für richtig fand – und auch so zu leben. Wie ich seine Mitwelt zuerst für verrückt erklärte und später beneidete. Nach einiger Zeit wurde in seinem Bekanntenkreis der Ausspruch Mode: »Am liebsten würde ich es wie Carl machen und nur das tun, was mir Spaß macht.« In Wahrheit konnte sich natürlich keiner dazu entschließen. Was ich von diesem bemerkenswerten Menschen Carl F. Brenn gelernt habe, ist zweierlei:

- Einmal eine völlig neue Einstellung zu meinem Leben und zu der Zeit, die mir bleibt, es zu nützen. Ich war ja auch viele Jahre hinter dem Erfolg her und glaubte ständig, irgend etwas zu versäumen. Heute weiß ich, daß alles im Leben seine Zeit hat und seine Zeit braucht. Es gibt Dinge, die erst in einem Jahr reif sind, getan zu werden. Wenn man sich einbildet, man könne sie heute schon erzwingen, vergeudet man Zeit und Kraft und erreicht schließlich doch nur einen Bruchteil des Möglichen.

- Zum anderen habe ich von Brenn die konkrete Beschäftigung mit mir und meinem Leben gelernt. Bis dahin hatte ich nur eine sehr vage Vorstellung von dem, wozu ich eigentlich imstande war. Ich hatte immer nur aus mir herausgeholt, was andere von mir verlangt hatten, weil es für sie von Nutzen war. Ich hatte nicht die geringste Ahnung, wo meine Grenzen waren. Überhaupt keine Zeit fand ich, mich mit meiner Zukunft zu beschäftigen. Dazu war ich viel zu sehr beschäftigt, die viel zu vielen Dinge zu erledigen, die ich mir jeden Tag vorgenommen hatte. Ich wußte ungefähr, wo ich hinwollte, aber konkreten Vorstellungen wich ich aus.

Ich habe Ihnen erzählt, wie Carl F. Brenn die Jahre seines Lebens einteilte. Lassen Sie mich Ihnen noch sagen, welche drei Gesichtspunkte er für das Leben insgesamt besonders wichtig nahm:

1. Wie ich leben möchte – meine Zielsetzung für ein freies und glückliches Leben.
2. Wie ich arbeiten möchte – der geringste Preis, den ich für ein freies und glückliches Leben bezahlen muß.
3. Was ich besitzen möchte, und wie ich mir diesen Besitz erhalten kann – die Absicherung des freien Lebens.

Ich berichte Ihnen dies, weil es Ihnen vielleicht die eine oder andere Anregung vermittelt, wenn Sie selbst darangehen, Ihr Leben neu zu überdenken und zu konkretisieren. Oft brauchen wir nur das Beispiel eines anderen als Anstoß, um etwas zu tun, was wir schon lange tun wollten.

Eine Zusammenfassung, ehe Sie weiterlesen

Wenn Sie aus dieser zweiten Lektion den größtmöglichen Nutzen ziehen wollen, dann sollten Sie keinen Augenblick mehr zögern, mit der Entwicklung Ihrer konkreten Lebensvorstellungen zu beginnen.
Setzen Sie sich hin und fangen Sie an. Wenn Sie es sich nur vornehmen, werden Sie es vermutlich niemals tun. Zweifellos ist der *Anfang* der schwierigste Teil des Vorhabens. Wenn Sie einmal die Barriere durchbrochen haben, werden Sie Spaß daran finden.
In der vorangegangenen Lektion gab es viele Hinweise, wie Sie einen Lebensplan erarbeiten können. Suchen Sie sich nur jene heraus, die Ihnen entsprechen, und machen Sie daraus etwas Eigenständiges.
Lassen Sie sich für das Vorhaben Zeit. Weichen Sie unangenehmen Fragen nicht aus. Holen Sie aus sich alles Verdrängte hervor, um fortan klare Lösungsvorstellungen dafür zu entwickeln. Im Verlaufe dieses Buches erhalten Sie immer wieder Anstöße, sich mit bestimmten wichtigen Bereichen des Lebens gründlich zu beschäftigen.
All das erscheint für unsere Selbsterziehung unerläßlich, ehe wir uns in der folgenden Lektion mit der Technik beschäftigen, wie wir unsere Vorstellungen in die Tat umsetzen.

Dritte Lektion

In dieser Lektion werden die sechs wichtigsten Schritte beschrieben, wie jeder ernsthaft Interessierte die Grundtechnik des autogenen Trainings lernen kann. Wichtig dabei ist weniger, sich streng an die Details dieser Hinweise zu halten, als das Training so lange durchzuhalten, bis sich die ersten Erfolge einstellen.

Wer sich entschlossen hat, seine Erziehung fortan selbst zu übernehmen, sollte allerdings das autogene Training nicht als ein allein seligmachendes Wunderrezept betrachten. Die Beherrschung dieser Technik der Entspannung, Sammlung, Selbstfindung und Selbstbemeisterung ist eine wichtige, aber nicht die einzige Voraussetzung, mit der wir uns von Abhängigkeiten befreien und eigene Lebensvorstellungen verwirklichen können.

Versuchen Sie nicht lange,
sich unter »autogenes Training«
alles mögliche vorzustellen – probieren Sie es aus

In den fünfziger Jahren machte ein deutscher Arzt namens Dr. Hannes Lindemann in sensationeller Weise von sich reden. Er schipperte in winzigen Booten mutterseelenallein über den Atlantik. Im Jahre 1955 benützte er ein Kru-Kanu, einen westafrikanischen Einbaum. Damit legte er die Strecke bis nach Haiti in 65 Tagen zurück. Als er am Ziel anlegte, war er natürlich heilfroh, es geschafft zu haben. Eines allerdings gab ihm zu denken. Er war für diese gefährliche Reise körperlich und technisch und was die navigatorischen Kenntnisse anbelangte perfekt vorbereitet. Was ihm beinahe zum Verhängnis geworden wäre, war seine mangelhafte psychische Kondition.

»Mir war bekannt«, so schrieb er später, »daß mehr Schiffbrüchige aus Panik, Angst und Verzweiflung ums Leben kommen als durch körperliche Not. Ich wußte, daß die Psyche im allgemeinen schneller aufgibt als der Körper.«

Weil ihm dies während der Tage und Nächte allein auf hoher See so sehr zu schaffen gemacht hatte, beschäftigte ihn die Frage: Wie kann man die Psyche beeinflussen und zur Mithilfe bei der Bewältigung von Problemen gewinnen?

Dr. Lindemann stieß auf diese Frage durch sein wagemutiges Abenteuer auf Leben und Tod. Befinden wir uns in dem vielleicht nicht immer ganz so gefährlichen Abenteuer des Alltagslebens nicht alle in einer ähnlichen Situation wie er?

Wir sind für unseren Beruf und mancherlei Aufgaben, die wir zu bewältigen haben, rein technisch gut vorbereitet. Was uns aber immer wieder zu schaffen macht, ist die mangelnde psychische Kondition. Ähnlich wie Schiffbrüchige scheitern wir oft aus Panik, Angst und Verzweiflung, weil die Psyche viel schneller aufgibt, als wir eine Sache tatsächlich aufgeben sollten.

Auch für uns stellt sich die Frage: Wie können wir die Psyche beeinflussen und zur Mithilfe bei der Bewältigung unserer Probleme gewinnen? Man kann es sich bei der Beantwortung dieser Frage leichter machen als der erwähnte Dr. Lindemann.

Er war durchaus bereit, dafür noch einmal sein Leben zu riskieren und unternahm eine weitere Atlantiküberquerung. Diesmal in einem noch gebrechlicheren Boot, einem Faltboot aus der Serienerzeugung. Seine Psyche allerdings hatte er diesmal einer Vorbereitung unterzogen, von

der er sagte, daß er ohne sie vermutlich sein Ziel nie erreicht hätte. Diese Geheimwaffe hieß autogenes Training.
Seit der Zeit ist diese Bezeichnung zu einem weitverbreiteten Begriff geworden. Sportler machen sich diese Technik der Selbstbeeinflussung zur Konzentration und Leistungssteigerung zu eigen. Es gibt kaum noch eine Buchhandlung, in der nicht Anleitungen dafür aufliegen, in fast jeder größeren Stadt werden Kurse abgehalten.
Der Mann, der die Technik des autogenen Trainings so entwickelte, wie sie heute gelehrt wird, war ein deutscher Arzt, Professor J. H. Schultz aus Berlin. Er ging mit wissenschaftlicher Akribie an die Aufgabe heran, denn er wollte damit auch bei anderen Wissenschaftlern Anerkennung finden. Und Sie wissen ja: Was Wissenschaftler unter sich aushecken, ist für davon betroffene gewöhnliche Sterbliche meist unzugänglich – nach dem jahrhundertelang bewährten Grundsatz: Das Mysterium der Autorität muß erhalten bleiben, weil sonst die Repräsentanten dieser Autorität ihre Macht verlieren. Das mag mit ein Grund dafür sein, daß von Professor Schultz und seinen Schülern das autogene Training wie ein Medikament verordnet wird: Nur der Arzt versteht etwas davon und darf es verschreiben. Ein im Grunde völlig natürlicher Vorgang erhielt so das Prädikat »wissenschaftliche Methode«. Als ob es nicht völlig gleichgültig wäre, ob das, was uns hilft, wissenschaftlich geprüft und anerkannt und mit einem Autoritäts-Etikett versehen ist oder nicht.
Was immer man auch Theoretisches dazu sagen kann, ich finde, man sollte über das autogene Training nicht reden, man sollte sich darunter gar nicht erst alles mögliche vorstellen, man sollte es lernen und ausprobieren. Sie können es aus Büchern lernen wie jenem des Dr. Lindemann, das den Titel trägt: »Überleben im Streß – Autogenes Training.« Sie können Kurse bei einschlägig geschulten Fachleuten besuchen, die Methode wird auch an vielen Volkshochschulen gelehrt. Ich selbst habe vor Jahren einen solchen Kurs besucht und eine Anzahl Bücher darüber gelesen. Seither wende ich das autogene Training täglich für meine Lebensbewältigung an. Es ist für mich zu einer selbstverständlichen Gewohnheit geworden, mit erstaunlichem Einfluß auf nahezu alles, was ich tue. Nicht ganz ohne Einfluß blieben meine Erfahrungen in diesen Jahren auch auf andere Menschen aus meiner Umgebung. Ich fand dabei bestätigt, was Dr. Lindemann schreibt: »Jeder – ausgenommen Kleinkinder – kann diese Methode erlernen, vorausgesetzt, er trainiert und konzentriert sich auf Ruhe und Entspannung. Wer sich dann mit Hilfe des autogenen Trainings von seinen Sorgen und Problemen lösen kann, wird den Teufelskreis der modernen Leiden und Störungen durchbrechen. Er wird Erfolg haben. Viele der Teilnehmer an von mir durchgeführten Kursen haben sich mit dem autogenen Training von jahrelangen Beschwerden durch eigene

Kraft befreit. Sie haben Schmerzen und Gebrechen, Ängste und Beklemmungen, Befangenheit und Lampenfieber und viele andere Beschwernisse, die sie vorher von Arzt zu Arzt geführt haben, selbst überwunden. »Aus eigener Kraft befreit« oder »selbst überwunden«, sind das nicht Formulierungen, die jeden aufhorchen lassen müssen, der sein Leben und seine Erziehung selbst in die Hand nehmen möchte?

Es ist gleichgültig, wie Sie das autogene Training lernen, viel wichtiger ist, wie lange Sie durchhalten

Die Grundlagen des autogenen Trainings wurden vermutlich schon vor ein paar tausend Jahren von den alten Chinesen entdeckt, praktiziert und in den Familien von Generation zu Generation zusammen mit Lebensweisheiten, Gesundheitsrezepten, Heilmethoden und waffenlosen Verteidigungsarten überliefert.
All das gehörte zur Erziehung jedes Familienmitglieds. Für uns ist das viel schwieriger. Techniken des Meditierens oder des Konzentrierens werden uns in der Familie oder auch sonst nicht vermittelt, wir müssen sie erst entdecken und sie uns gegen alle möglichen Widerstände zu eigen machen. Gegen Widerstände wie diese:

- Die eigene Bequemlichkeit.
  Was man uns nicht aufzwingt, tun wir nicht gern, wenn es mit Anstrengung verbunden ist. So willig wir uns auch dem Druck von außen, etwa von Vorgesetzten, unterwerfen, so nachgiebig sind wir – wie jeder weiß – unseren ganz persönlichen Erfordernissen gegenüber.
- Den fehlenden direkten Nutzen.
  Wenn wir uns den Anweisungen unseres Vorgesetzten unterordnen, wissen wir: Es ist notwendig, damit wir am Monatsende das Geld bekommen, mit dem wir unsere Schulden, das Essen, die Kleider und noch verschiedenes andere bezahlen müssen. Dieser direkte Nutzen ist leicht überschaubar. Aber schon wenn wir uns einer Anstrengung unterziehen sollen, die unserer Gesundheit förderlich ist, ohne daß wir krank sind, ist es viel schwieriger. Wir neigen dazu, uns zu fragen: »Wozu soll ich das auf mich nehmen, wenn mir nichts weh tut?«
- Mangelndes Selbstvertrauen.
  Wir trauen uns selbst nichts mehr zu, weil wir immer mehr den Fachleuten, den Spezialisten hörig werden. Wir lassen andere Abenteuer vollbringen und schauen sie uns am Fernsehschirm an. Wir lassen andere Sport betreiben und begnügen uns damit, im Geiste mit ihnen zu siegen oder zu verlieren.
- Mangelnde Ausdauer.
  Ich möchte nicht sagen, daß uns in unserer schnellebigen Zeit die Begeisterungsfähigkeit verlorengegangen sei. Was uns jedoch fehlt, ist die Fähigkeit, die anfängliche Begeisterung für eine Sache über die ersten Schwierigkeiten hinwegzuretten, bis die zunehmende Identifikation mit ihr die Widerstände immer mehr verringert.

Widerstände wie diese stehen jemandem im Wege, der die Absicht hat, sich solche eher abstrakt anmutenden Fähigkeiten wie das autogene Training anzueignen. Er kann leicht daran scheitern, daß gerade jetzt in der Nähe seines Wohnortes kein Kurs stattfindet. Sie wissen ja, wie das in solchen Fällen ist. Man sagt: »Na, dann wart' ich eben.« Man wartet, doch mit zunehmender Zeit nimmt das Interesse ab. Anderes erscheint plötzlich wichtiger. Bis die Absicht ganz erlischt.
Es kann auch sein, daß sich ein besonders gründlicher Mensch das 352 Seiten dicke Buch »Das autogene Training« von Professor Schultz kauft, in dem Bemühen, die Methode vom Meister zu erlernen und nicht von einem Schüler. Die Gefahr, in die man sich dabei begibt, ist die, daß man an der ganzen Sache die Lust verliert, noch ehe man richtig damit begonnen hat. Denn nichts ist für einen Laien entmutigender, als sich in der fremden Sprache der Wissenschaft zurechtzufinden. Aus all diesen hier angeschnittenen Gründen möchte ich Sie auf zwei Voraussetzungen hinweisen, die Sie kennen sollten, ehe Sie zum folgenden Abschnitt dieser Lektion übergehen.

Erste Voraussetzung:
Untermauern Sie das Erlernen des autogenen Trainings mit einem langfristigen Motiv. Sagen Sie nicht bloß: »Ich lerne es, weil es vielleicht ganz gut ist, wenn man es kann«, sondern werden Sie sich darüber klar, daß diese Methode das wichtigste Instrument zur Verwirklichung Ihrer Lebensvorstellungen ist, von denen Sie immer schon träumten und die Sie nie realisieren konnten. Weil aus der Beschäftigung mit diesen Vorstellungen, über die Sie in der zweiten Lektion gelesen haben, der Wunsch nach deren Verwirklichung in Ihnen stark genug ist, ergibt das einen Antrieb für Ihr Vorhaben.

Zweite Voraussetzung:
Nützen Sie die nächstbeste Gelegenheit, das autogene Training zu erlernen. Diese Gelegenheit bietet sich auch auf den folgenden Seiten. Da wird versucht, Ihnen auf möglichst einfache Weise die einzelnen Übungen und deren Anwendung zu beschreiben. Es kann durchaus sein, daß mich ein erfahrener Arzt des unwissenschaftlichen Vorgehens zeiht und mir zahlreiche Unterlassungssünden vorhält. Ich nehme alle Schmähungen auf mich, nur um Sie zu ermutigen, bis zum Ende dieser Lektion so viel Spaß am autogenen Training zu gewinnen, daß Sie weitermachen. Dann nämlich hätten Sie die zweite Voraussetzung erfüllt, sofort mit dem Training angefangen und lange genug durchgehalten zu haben.

Die sechs praktischen Schritte, mit denen Sie sich selbst das autogene Training lehren können

Gleich zu Beginn muß gesagt werden, daß das hier beschriebene Vorgehen zum Erlernen des autogenen Trainings in einigen Punkten nicht den Empfehlungen in den meisten Büchern entspricht. Ich selbst vermag nicht zu bestätigen, welche Beschreibungen in welchen Büchern besser sind als andere. Deshalb finden Sie hier jene Variation, mit der ich selbst über Jahre die besten Erfahrungen gemacht habe.

Dies muß gesagt werden für den Fall, daß ein ganz Gescheiter Sie unbedingt davon überzeugen möchte, daß nur er die richtige Methode, und zwar die einzig richtige, kenne. Die wirklich richtige Methode des autogenen Trainings für Sie ist wahrscheinlich jene, die Sie sich selbst erarbeiten. Wenn Sie nur erst einmal die Ehrfurcht vor der Sache überwunden und die Angst abgelegt haben, schreckliche Dinge könnten passieren, wenn Sie nicht haargenau das tun, was man Ihnen sagt. Es gibt grundsätzlich zwei Möglichkeiten, sich mit dem vorliegenden Abschnitt auseinanderzusetzen. Die eine ist, daß Sie ihn in einem Zug durchlesen und dann Schritt für Schritt die einzelnen Übungen trainieren. Andererseits können Sie die Beschreibung jedes Schrittes lesen und sofort trainieren. In beiden Fällen sollten Sie selbst beurteilen, ob Sie einen Schritt gut genug beherrschen, um zum nächsten übergehen zu können. Das hängt vor allem davon ab, wie intensiv Sie das Training betreiben. Empfehlenswert ist, während des Erlernens der Grundtechnik täglich dreimal zu trainieren, und zwar jeweils ungefähr zehn Minuten. An diesen Rat sollten Sie sich aber keinesfalls klammern. Denn keine Empfehlung, die ich Ihnen geben könnte, ist besser als Ihr eigenes Bemühen, selbst das richtige Vorgehen herauszufinden. Dieses eigene Ausprobieren ist in einiger Hinsicht besser, denn so werden wir von Anfang an viel tiefer in die Vorgänge einbezogen, wir finden schneller Spaß an der Sache und überwinden so leichter die kritischen Phasen. Das sind jene Phasen, in denen Zweifel auftauchen, ob denn alles wirklich einen Sinn hat. Wir fangen an, nach Gründen zu suchen, warum wir die Sache lieber aufgeben sollten. Ein willkommener Grund ist dann oft der Lehrer, die Methode oder irgend etwas anderes – nur nicht wir selbst.

Wenn uns jedoch von Anfang an klar ist, daß es nur an uns selbst liegt, ob wir die richtige und für uns beste Methode finden, dann suchen wir erst gar nicht nach der Schuld bei anderen. Kommen wir also jetzt, nach diesen theoretischen Hinweisen, zur Praxis des autogenen Trainings.

Erster Schritt – bequeme Stellung, Atmen, Harmonie

Ich mache das autogene Training im Liegen, Sitzen, Stehen oder Gehen. Immer beginne ich es damit, daß ich die bequemste Stellung einnehme, die mir unter den gegebenen Umständen möglich ist. Dann atme ich ruhig, zähle die Atemzüge und lasse Ruhe in mich einkehren.
Sie kennen diese Übung aus der ersten Lektion. Vielleicht haben Sie sich damit inzwischen schon so vertraut gemacht, daß Sie viele Ihrer Tätigkeiten während des Tages damit beginnen. Beginnen Sie auch jetzt das autogene Training damit.

Zweiter Schritt – Schwere, Wärme, Ruhe

Wenn Sie sich auf die oben beschriebene Weise eingestimmt haben, denken Sie an die Formel:

- »Ganz schwer.«

Die Schwere soll Ihren ganzen Körper erfassen und für Sie richtig spürbar sein. In den Armen, den Beinen. Anfangs werden Sie dazu neigen, sich krampfhaft diese Formel vorzusagen. Später sollten Sie dazu übergehen, sich den Inhalt der Formel, also die Schwere, vorzustellen. Sich als ein Teil von ihr zu fühlen.
Stellen Sie sich also diese Formel sechsmal vor. Lassen Sie sich nicht davon beunruhigen, wenn die Schwere nicht sofort spürbar wird. Lassen Sie sich auch nicht von ablenkenden Gedanken irritieren. Machen Sie einfach weiter.
Die nächste Formel lautet:

- »Ganz warm.«

Stellen Sie sich auch diese Formel sechsmal vor, bis Ihren Körper oder einzelne Körperteile spürbar Wärme durchzieht. Auch jetzt kann es sein, daß Sie gar nichts spüren. Vielleicht waren Ihre Erwartungen zu hoch gespannt. Vielleicht wehrt sich etwas in Ihnen dagegen, dieses Training überhaupt zu machen. Die Trägheit kommt mit Überlegungen wie: »Laß doch diesen ganzen Quatsch.« Oder: »Du hältst das doch sowieso nicht durch.«
Machen Sie weiter mit:

- »Ganz ruhig.«

Diese Vorstellung – ebenfalls sechsmal – wird Ihnen vermutlich leichtfallen, weil ja die Ruhe bereits während der einleitenden Übung in hohem Maße eingetreten ist.
Während die Schwere das Zeichen für die Entspannung Ihres Körpers war, ist die Wärme das Zeichen für die richtige Regulierung der Blutzir-

kulation. In Ihrem Körper gehen dabei Veränderungen vor sich. Die Blutgefäße entspannen sich, die Blutzufuhr nimmt zu. Sie bewirken mit diesen Übungen also nichts anderes – und darauf möchte ich Sie besonders aufmerksam machen –, als eine Beeinflussung von Körperfunktionen durch den bewußten und gezielten Gebrauch Ihrer Vorstellungskraft.
Vielleicht sagen Sie zu diesem Hinweis: »Na und?« Das mag daran liegen, daß wir zwar ständig für Sensationen empfänglich sind, aber Sensationen, die sich an uns selbst vollziehen, überhaupt nicht beachten.
Für mich jedenfalls war es etwas Sensationelles, als es mir zum ersten Mal gelang, meine kalten Füße mit Hilfe meiner Vorstellungskraft wieder zu erwärmen. Ich lag während meiner Bergwanderung in etwa 2500 Meter Höhe in meinem Schlafsack. Es hatte tagsüber ständig geregnet, und meine Füße waren naß und durchgefroren. Da lag ich nun und konnte nicht einschlafen, obwohl ich rechtschaffen müde war.
Da kam mir die Idee, es doch einmal mit dem autogenen Training zu versuchen. Ich hatte damals gerade begonnen, es zu lernen. Um ganz ehrlich zu sein: Ich hielt nicht sehr viel davon. Trotzdem sagte ich mir nach der »Schwere, Wärme und Ruhe« vielleicht vierzig- oder fünfzigmal: »Die Beine sind ganz warm, die Wärme strömt bis in die Zehenspitzen.« Noch während des Trainierens schlief ich ein. Erst am folgenden Morgen, als ich alles noch einmal rekonstruierte, wurde mir klar, wie die Wärme-Formel prompt auf mich gewirkt hatte.
Es dauerte tatsächlich einige Zeit, bis ich mich von der Faszination erholt hatte, meine Füße mit nichts anderem als meiner konzentrierten Vorstellungskraft wärmen zu können. Aber kehren wir zurück zur weiteren Entwicklung der Grundtechnik.

Dritter Schritt – Atem und Herz

Auch dieser Schritt beginnt für Sie durchaus nicht mehr ungewohnt. Ihre Atmung ist reguliert, jetzt wird sie noch weiter vertieft. Mit der Formel:

- »Der Atem geht ruhig und gleichmäßig.«

Denken Sie die Formel sechsmal. Lassen Sie sich »in die Atmung hineinfallen«, wie der Mann zu sagen pflegte, der mir die Grundbegriffe des autogenen Trainings beibrachte. Versuchen Sie auch hier, vom Denken der Formel dazu überzugehen, sich vorzustellen, wie »es« atmet. Der Übergang wird Ihnen nicht von heute auf morgen gelingen, aber versuchen Sie es dennoch weiter.
Nach dem Atmen folgt die Regulierung der Herztätigkeit, indem Sie ebenfalls sechsmal folgende Formel anwenden:

- »Das Herz schlägt ruhig und kräftig.«

Im Grunde genommen ist diese gezielte Herz-Formel eine weitere Vertiefung der Wärme-Formel. Kreislauf und Herztätigkeit werden weiter beruhigt und harmonisiert.
Es könnte sein, daß das Wort »kräftig« bei Ihnen in irgendeiner Weise Unbehagen auslöst. In diesem Falle sollten Sie es mit der Formulierung »Das Herz schlägt ruhig und gleichmäßig« versuchen. Von der Verwendung von Formeln wie: »Das Herz schlägt langsam« wird von den Fachleuten eindringlich abgeraten.

Vierter Schritt – das Sonnengeflecht

Nachdem wir uns entspannt, den Kreislauf, das Herz, die Atmung und dadurch wieder die Gliedmaßen und den Brustbereich reguliert haben, folgt nun der Bauchraum. Dafür benutzen die Anhänger des autogenen Trainings die Bezeichnung »Sonnengeflecht«.
Die meisten Menschen haben keine Ahnung, welch wichtige Rolle der Magen und der Darm für unsere Gesundheit und unser gesamtes Wohlbefinden spielen. Meistens achtet man erst darauf, wenn sich Schmerzen einstellen. Oder länger andauernde Verdauungsstörungen. Dann geht man zum Arzt, der in den meisten Fällen alle möglichen Medikamente verschreibt.
Im autogenen Training lautet die Formel für diesen wichtigen Körperbereich:

- »Das Sonnengeflecht ist warm durchströmt.«

Als mein Sohn mit vierzehn Jahren anfing, sich für das autogene Training zu interessieren, erarbeiteten wir gemeinsam ein Trainingsprogramm für ihn. Nachdem er es ein paar Wochen lang selbständig eingeübt hatte, kam er eines Tages zu mir und teilte mir eine für ihn erstaunliche Feststellung mit. Er sagte: »Immer wenn ich sage ›Das Sonnengeflecht ist warm durchströmt‹, fängt es in meinem Magen zu kribbeln an, und dann kommen meine ganzen Blähungen heraus. Nachher fühle ich mich sehr erleichtert. Auch meine Verdauung funktioniert seither besser als zuvor.«
Das kann eine von vielen Auswirkungen der Sonnengeflecht-Formel sein. Außerdem ist das »Sonnengeflecht« das Zentrum wichtiger Einflüsse und Funktionen. Dies mögen Sie daraus ersehen, daß sich ja beispielsweise Angst tatsächlich »auf den Magen schlägt«. Diese Körperzone steht in engem Zusammenhang mit Gemüt und Stimmungen und reagiert empfindlich auf seelische Belastung.
Die Beruhigung dieses Bereiches soll durch die Sonnengeflecht-Formel herbeigeführt werden, die wir ebenfalls sechsmal anwenden.

Fünfter Schritt – Stirn und Gehirn

Nach dem Bauch folgt abschließend der Kopfbereich mit der Regulierungs-Formel:

- »Die Stirn ist angenehm kühl.«

Damit soll die Stirn entspannt werden. Ich selbst benütze gelegentlich an dieser Stelle auch Formulierungen wie: »Die Nase ist völlig entspannt« oder »Das ganze Gesicht ist entspannt.« Wer zu Kopfschmerzen neigt, kann zusätzlich zur Stirn-Formel noch verwenden:

- »Das Gehirn ist gut durchblutet.«

Mir hat dieser Vorsatz, den ich wie die Stirn-Formel auch sechsmal anwende, schon sehr oft Erleichterung bei Kopfschmerzen gebracht.
Lassen Sie uns jetzt zum sechsten und letzten Schritt bei der Erlernung der Grundtechnik des autogenen Trainings kommen, dem sogenannten »Zurücknehmen«. Selbst wenn Sie mit allen anderen Übungen herumexperimentieren, die eine öfter, die andere weniger oft machen, mit dem Zurücknehmen sollte es Ihnen immer ernst sein. Sie sollten den im folgenden beschriebenen Vorgang am Ende jedes autogenen Trainings unbedingt anwenden, auch wenn das Training sonst nur aus einer oder zwei Übungen bestand.

Sechster Schritt – das Zurücknehmen

Dieser Schritt führt uns aus dem Zustand der vollkommenen Entspannung und wohl auch der Entrücktheit vom Alltag und der Umgebung wieder in die gewohnte Umwelt zurück. Wie wichtig dieses Zurücknehmen nach jedem autogenen Training ist, pflegte mein Trainer immer wieder mit einem Beispiel zu unterstreichen. Einer seiner Schüler, ein Arzt, war eines Abends, als er vom Trainingskurs im Wagen nach Hause fuhr, an einer Straßenkreuzung eingeschlafen, weil er nach dem Training nicht sorgfältig zurückgenommen hatte. Durch das Blinken des orangefarbenen Lichtes einer Ampel war er offensichtlich wieder in die Entspannung zurückgefallen.
Es werden in der Literatur verschiedene Variationen des Zurücknehmens angeführt. Ich selbst habe mit folgendem Vorgehen die besten Erfahrungen gemacht: Ich wiederhole am Schluß des Trainings die Anfangs-Formel: »Ganz schwer, ganz warm, ganz ruhig« sechsmal. Und zwar nicht eine nach der anderen, sondern so zusammenhängend, wie sie hier aufgeschrieben ist.
Solche Verkürzungen können Sie selbst im Laufe der Zeit auch bei anderen Formeln vornehmen, je sicherer Sie darin werden. Sie können, wenn

Sie merken, daß Sie rasch in »Schwere, Wärme und Ruhe« hineinfallen, am Beginn des Trainings die genannte Kurzformel benützen. Später können Sie die übrigen Formeln statt sechsmal nur mehr vier- oder drei oder überhaupt nur einmal anwenden.
Nach dem abschließenden »Ganz schwer, ganz warm, ganz ruhig« folgt der Vorsatz:

- »Arme fest – tief atmen – Augen auf.«

Während Sie das denken, drücken Sie die Fäuste an die Brust, holen tief Atem und öffnen die Augen, indem Sie gleichzeitig die Fäuste von sich stoßen und den Atem auslassen. Auch diesen Vorgang des Zurücknehmens können Sie nach einiger Zeit vereinfachen. Besonders wenn Sie in Gegenwart anderer Leute trainiert haben und durch das Zurücknehmen kein Aufsehen erregen wollen. In diesem Falle werden Sie ruhig ausatmen und die geballten Fäuste öffnen, ohne sie an die Brust gedrückt zu haben.
Das also sind die sechs praktischen Schritte, das autogene Training zu lernen und zu üben. Nach der Lektüre dieser Seiten mag Ihnen manches noch ein wenig verwirrend erscheinen. Lassen Sie sich dadurch nicht beirren, sich Schritt für Schritt mit dieser Technik vertraut zu machen. Sie kann nur durch eigene Erfahrung erlernt werden. Nicht durch Diskutieren und nicht durch noch so gut gemeinte Ratschläge.
Je schneller Sie damit beginnen, Ihre eigenen Erfahrungen zu sammeln, um so besser.

»Drei Wochen lang mußte ich mich dazu zwingen, heute fehlt mir was, wenn ich nicht autogenes Training mache.«

Das Zitat stammt von meinem Sohn, der – wie erwähnt – als Vierzehnjähriger mit dem autogenen Training begann. Ich erklärte ihm an einem Sonntagnachmittag die sechs Schritte, bis er mir sagte, er hätte alles verstanden. Dann vereinbarten wir, er solle versuchen, mit möglicherweise auftauchenden Schwierigkeiten selbst fertig zu werden und meine Hilfe – oder die eines Arztes – nur im Notfall in Anspruch zu nehmen.
Als wir später wieder einmal darüber sprachen, wie es ihm denn so erginge, gab er mir den oben zitierten Satz zur Antwort. Heute trainiert er regelmäßig zweimal am Tag, morgens und abends. Er behauptet: »Dieses tägliche Training gibt mir einfach viel mehr Sicherheit in allem.« Er meint damit die Bewältigung der Probleme in der Schule, die Angst vor Schularbeiten, den allgemeinen Umgang mit Erwachsenen und die Konzentrationsfähigkeit bei dem Kampfsport Jiu-Jitsu, den er mit großer Begeisterung betreibt. Mit ungefähr dem gleichen Wissen über die Grundtechnik des autogenen Trainings, wie es auf den vorangegangenen Seiten beschrieben ist, machte sich der Junge daran, die Methode zu lernen. Was ihn in den ersten drei Wochen, in denen er sich zwingen mußte, nicht aufgeben ließ, war sein Bedürfnis nach mehr Sicherheit in der Schule und den Erwachsenen gegenüber und der Wunsch, seinen Gegnern im Jiu-Jitsu einen Schritt voraus zu sein. Auf allen diesen Gebieten, das konnte ich ihm vorher getrost versprechen, würde ihm das regelmäßige autogene Training Vorteile bringen.
Manchen Leser, der das autogene Training nach den hier beschriebenen Schritten lernen möchte, mag es mit Unbehagen erfüllen, daß er mit diesen wenigen Hinweisen nun alleingelassen wird. Die Ursache dieser Einstellung ist reine Bequemlichkeit. Wir sind gewohnt, uns alles im Leben möglichst leicht zu machen und uns ganz genau vorkauen zu lassen, was wir tun, wie wir es tun, was wir denken und wie wir uns entscheiden sollen.
Dabei sollten wir aus eigener Erfahrung schon längst wissen, daß wir alles, was uns besonders leicht gemacht wird, auch leichten Herzens wieder aufgeben. Weil uns die tiefere Beziehung dazu fehlt. Nicht wir selbst waren es, die sich zu einer Lösung durch eigene Entscheidungen und Erfahrungen durchgerungen haben, sondern andere. Indem sie es uns leichter machen möchten und die Schwierigkeiten aus dem Wege räumen, erziehen sie uns immer mehr zur Bequemlichkeit. Was wir uns selbst, oft

mühsam und mit Risiko, erarbeiten müssen, wirkt auf verschiedene Weise anregend:

- Wir geben nicht so leicht auf, weil wir sagen: »Wenn ich jetzt schlapp mache, wozu habe ich dann all das auf mich genommen?« Das spornt uns an, weiterzumachen und die nächste Hürde auch noch zu nehmen.
- Jeder auch noch so kleine Erfolg, den wir mit eigener Kraft erringen, erhöht unser Selbstvertrauen, weil wir wissen: »Was mir da gelungen ist, das habe ganz allein ich zuwege gebracht.« Diese Befriedigung ist eine weitere Ermunterung zum Weitermachen.
- Schließlich wird, wie schon mehrmals erwähnt, mit jeder selbst gemachten Erfahrung die Bindung an die Aufgabe vertieft. Der Spaß wächst. Wir werden neugierig, wie es weitergeht und ob wir den nächsten Schritt nun auch noch schaffen. Die zunehmende Freude verdrängt immer mehr die Ängste und Zweifel.

Lassen Sie mich nun, ehe wir die dritte Lektion beschließen, noch einige Hinweise geben:

1. Versuchen Sie nicht, beim Erlernen des autogenen Trainings perfekt zu sein. Autogenes Training ist kein Leistungssport, eher das Gegenteil. Es soll Spaß machen. Es soll Ihnen zu einem täglichen Bedürfnis werden, dem Sie gerne nachkommen. Es ist völlig gleichgültig, ob es irgendwo jemanden gibt, der »es viel besser« kann oder der es viel schneller erlernt hat als Sie.
2. Machen Sie Ihre Übungen in den ersten Wochen, auch wenn anscheinend überhaupt nichts so recht klappt, so wie Sie es sich vorgestellt haben. Verlieren Sie nicht den Mut. Machen Sie weiter. Sie verlieren nur dreimal zehn Minuten am Tag. Was Sie damit gewinnen können, ist dieses anfängliche Opfer wert.
3. Vielleicht beschäftigt Sie die Frage: »Wie weiß man denn, wann eine Übung richtig beherrscht wird und man im Lernprogramm weiter fortfahren kann?« Die Antwort lautet: Es gibt dafür keine allgemeingültige Regel. Sie selbst müssen es spüren, und Sie selbst müssen es entscheiden. Beobachten Sie sich aufmerksam. Vertrauen Sie auf Ihren Instinkt. Eines Tages werden Sie es wissen, wenn bei »Ganz schwer, ganz warm, ganz ruhig« die Arme und Beine zu kribbeln anfangen, wenn eine bisher nicht gekannte Ruhe Sie durchströmt oder wenn bei der Sonnengeflecht-Formel die Bauchdecke plötzlich wohlig warm wird.
4. Es kann natürlich der Fall eintreten, daß trotz all Ihrer Bemühungen nach vier, fünf Wochen überhaupt nichts von dem passiert, was ein-

treten sollte. Dann allerdings müssen Sie andere Wege gehen, um die möglicherweise vorhandene Sperre gegen das autogene Training zu durchbrechen:

- Lesen Sie das folgende Kapitel, ehe Sie wieder von vorne anfangen. Vielleicht hilft Ihnen das weiter.
- Kaufen Sie sich ein Fachbuch über autogenes Training. Vielleicht enthält es gerade jene für Sie wichtigen Hinweise, die ich Ihnen nicht zu geben vermochte.
- Melden Sie sich, falls Sie sich davon eine Lösung versprechen, für einen Kurs in autogenem Training an.

Was immer Sie unternehmen, um Schwierigkeiten zu meistern und diese Technik zu erlernen, ich bin sicher, daß es jede Anstrengung wert ist.

Eine Zusammenfassung, ehe Sie weiterlesen

Was Sie auf den vorangegangenen Seiten gelesen haben, mag für Sie höchst interessant gewesen sein. Praktischen Nutzen besitzt es allerdings nur, wenn Sie die sechs beschriebenen Schritte zur Erlernung des autogenen Trainings auch wirklich gehen. Übung für Übung, Tag für Tag. Betrachten Sie das autogene Training als verlängerten Arm für die Verwirklichung Ihrer Lebensvorstellungen. Je stärker dieser Arm, um so besser werden Sie im Laufe der Zeit Ihre Lebensvorstellungen realisieren können.
Hier sind noch einmal in aller Kürze die sechs wichtigen Schritte zusammengefaßt:

1. Bequeme Stellung, Atmen, Harmonie.
2. Ganz schwer, ganz warm, ganz ruhig.
3. Atem und Herz.
4. Das Sonnengeflecht.
5. Stirn und Gehirn.
6. Vergessen Sie nie, zurückzunehmen.

Vierte Lektion

Wenn Sie mit der Lektüre dieser Lektion beginnen, sollten Sie schon mit der Grundtechnik des autogenen Trainings vertraut sein. Hier erhalten Sie eine Vielzahl von Anregungen, wie Sie diese Technik in Verbindung mit formelhaften Vorsätzen gezielt zu Ihrem Vorteil einsetzen können. Wie Sie Prüfungsangst ablegen, sich das Rauchen abgewöhnen, sich besser konzentrieren und vielleicht sogar Schmerzen beseitigen können. Abgesehen von solchen eher alltäglichen Problemen, können Sie Ihre großen Lebensvorstellungen als formelhafte Vorsätze in Ihr tägliches autogenes Training einbauen. Wenn Sie im täglichen Training nicht nachlassen und die Geduld haben, lange genug durchzuhalten, werden Sie erstaunliche Erfolge erzielen.

Wie drei Worte einen Mann das Unglaubliche bewältigen ließen – Sie können es auch

Zugegeben, dieser schon mehrmals erwähnte Dr. Hannes Lindemann, der wagemutige Atlantiküberquerer und heutige Arzt und Kursleiter für autogenes Training, ist so etwas wie ein Aushängeschild für diese Methode der Selbstbeeinflussung. Aber er ist es nicht zu Unrecht. Er hat ihre Wirksamkeit unter Lebensgefahr bewiesen. Grund genug, darauf hinzuweisen, wie er es gemacht hat.

Er lernte das autogene Training in einem Kurs, bis er so weit fortgeschritten war, wie Sie es jetzt sind, wenn Sie die Grundtechnik erlernt haben. Er konnte sich mit ihrer Hilfe entspannen und die Grundfunktionen des Körpers regulieren.

Es mag sein, daß es jemandem vollauf genügt, diese Fähigkeit zu beherrschen und sie täglich anzuwenden. Das autogene Training allerdings vermag mehr, es kann uns helfen, gezielt bestimmte Kräfte und Fähigkeiten in uns zu mobilisieren.

Am Beispiel Lindemann sah das so aus: Er ging sechs Monate vor seinem Start im Paddelboot daran, in seinem Unterbewußtsein die Kraft für das Überlegen in der Gefahr zu verankern. Die Formel, die er dazu verwendete, lautete: »Ich schaffe es.« Wenn er abends während des Trainings einschlief, war sein letzter Gedanke: »Ich schaffe es.« Am nächsten Morgen nach dem Aufwachen konzentrierte er sich sofort wieder darauf. Auch tagsüber trainierte er in der bewährten Form, wie er es gelernt hatte.

Lindemann machte also diese Formel, die aus drei Worten bestand, zu einem wichtigen Bestandteil seines Trainings. Darüber hinaus nützte er jede Minute, um sein »Ich schaffe es« in sich zu verankern. Wo er auch ging, saß oder lag, selbst beim Essen dachte er daran, bis die Formel, wie er selbst sagte, »zur zweiten Natur wurde, und jede Zelle meines Körpers davon erfüllt war«.

Nachdem er drei Wochen lang auf diese Weise trainiert hatte, überkam ihn ein immer stärkeres Gefühl der Sicherheit, eine – wie er es nannte – »kosmische Geborgenheit« von fast religiöser Art. Erst als er diese Sicherheit in sich spürte, entschied er sich endgültig zu seiner gefährlichen Fahrt.

Und wie erging es ihm dabei?

Dr. Lindemann schreibt: »Während der Überquerung kam dieser Vorsatz immer wieder dann zum Vorschein, wenn Krisen zu überwinden waren.

Vor allem bei der ersten Kenterung berührte es mich fast schmerzlich, wenn der Vorsatz ›Ich schaffe es‹ plötzlich aus dem Dunkel auftauchte, mich führte, aufwühlte und mich fast berauschte.«

Ist es nicht faszinierend zu erfahren, was diese drei Worte »Ich schaffe es« alles vermochten? Mindestens ebenso faszinierend jedoch erscheint es mir zu überlegen, daß sich jedermann, wirklich jedermann diese Methode zunutze machen kann.

Lassen Sie uns also jetzt zu dem kommen, was die Fachleute »Formel« oder »Vorsatz« oder auch »formelhafte Vorsatzbildung« nennen und erläutern, welche Bewandtnis es damit hat. Natürlich gibt es darüber wissenschaftliche Arbeiten und Theorien, mit denen versucht wird, die Zusammenhänge zu ergründen und zu deuten. Mir aber scheint wichtig, daß wir, die Betroffenen, eine für uns einleuchtende Vorstellung der Vorgänge haben. Meine ganz persönliche Vorstellung sieht so aus:

Ich verankere durch das autogene Training rechtzeitig und gezielt in meinem Unterbewußtsein einen Verhaltensvorsatz. Wenn ich das lange und intensiv genug tue, wird er aus dem Unterbewußtsein heraus automatisch wirksam.

Wichtig erscheint mir zu erkennen, daß das, was wir allgemein Willenskraft nennen, dabei keine Rolle spielt. Im Gegenteil. Wille, Ehrgeiz, Leistungsstreben und wie immer diese Begriffe noch heißen mögen, wirken sich auf den Vorgang nur störend aus. Wille ist mit Zwang verbunden, den wir auf uns selbst ausüben. Der Vorsatz im autogenen Training jedoch soll sich zwanglos verwirklichen. Er wurde bewußt in die Kommandozentrale des Unbewußten einprogrammiert, von dort aus wird er ohne unser weiteres Zutun im gewünschten Augenblick völlig selbständig wirksam.

- Wenn wir beispielsweise sagen: »Mein Schlaf ist tief und erfrischend, in einer Stunde bin ich hellwach«, dann weckt uns diese Formel eine Stunde später aus dem Schlaf.
- Oder: »Wenn ich erröten will, geht das Blut in die Beine und nicht in den Kopf.« Ich versenke diesen Vorsatz im Zustand der Entspannung, also ohne Willenskraft, in mein Unterbewußtsein. Wenn mir aus irgendeinem Grund wieder einmal die Schamröte ins Gesicht zu steigen droht, wird der Vorsatz automatisch wirksam.

Sie kennen ähnliches vielleicht aus eigener Erfahrung oder von Beobachtungen bei anderen. Es gibt Leute, die sich am Abend sagen: »Morgen früh um fünf wache ich auf«, und sie wachen wirklich pünktlich auf. Manche Mütter können bei größtem Lärm schlafen, aber beim leisesten Geräusch ihres Babys wachen sie auf. Im Grunde genommen sind in uns allen solche Fähigkeiten vorhanden. Sie sind nur verkümmert, weil wir sie nicht weiterentwickelt und trainiert, sondern durch äußere Hilfsmittel ersetzt haben. So finden wir es beispielsweise ganz selbstverständlich, uns von einem Wecker aus dem Schlaf klingeln zu lassen, statt die Weckuhr zu trainieren, die in unser Gehirn von der Natur eingebaut wurde.

Das autogene Training, wie gesagt, mußte nicht erfunden werden, es ist nur eine Methode, die sich vorhandener natürlicher Fähigkeiten bedient, sie gezielt nützt und bewußt macht. Wenn man erst einmal damit begonnen hat, eröffnen sich einem nahezu unbegrenzte Möglichkeiten der Anwendung. Und all das hat nichts mit geheimnisvollen Kräften, mit energieraubenden Anstrengungen oder einem Wissen zu tun, das nicht jeder sich aneignen könnte.

Das eine, das wir dazu brauchen, ist die Beherrschung der Grundtechnik, das andere sind jene auf Kurzformeln gebrachten Verhaltensvorsätze, die wir in unser Unterbewußtsein versenken.

Ehe wir uns im folgenden Abschnitt eingehender mit diesen Formeln befassen, hier nochmals zwei Hinweise, die gar nicht oft genug angeführt werden können.

Erstens: Das autogene Training mit seiner formelhaften Vorsatzbildung kann tatsächlich Erstaunliches vollbringen. Man sollte dabei aber nie vergessen, diese Methode als einen wichtigen Bestandteil eines größeren, unser gesamtes Leben erfassenden Planes zu sehen. Wenn Sie einen schmerzenden Zahn haben, werden Sie ihn von einem Zahnarzt behandeln lassen. Das autogene Training allerdings kann Ihnen helfen, die Schmerzen erträglicher zu machen. Wenn Sie eine Prüfung haben, einen Vortrag halten müssen oder sich sonst einer belastenden Tätigkeit gegenübersehen, werden Sie sich auf sie vorbereiten müssen. Mit Hilfe des autogenen Trainings und des richtigen Vorsatzes können Sie sich aber von der Angst des Versagens oder dem Lampenfieber befreien.

Was Ihre Gesundheit betrifft, so kann Ihnen das autogene Training unschätzbare Dienste leisten. Aber es kann Sie genausowenig von einem Leiden heilen wie ein Arzt, wenn Sie selbst nicht alles tun, um das Leiden zu vermeiden oder wenigstens zu begrenzen.

So vertreten heute, um ein konkretes Beispiel anzuführen, manche Fachleute die Auffassung, daß ein paar einfache Regeln Entscheidendes zur Verringerung der Krebsgefahr beitragen könnten:

1. Nicht rauchen.
2. Genügend Bewegung in frischer Luft.
3. Richtige Ernährung und richtige Eßgewohnheiten.

Das mag sehr einfach klingen, wenn man es so liest. Aber schon für einen Kettenraucher ist es gar nicht mehr so einfach. Das autogene Training kann ihm helfen, sich das Rauchen abzugewöhnen. Vorausgesetzt natürlich, er faßt selbst den Entschluß dazu, es zu lernen und es mit genügend Geduld anzuwenden.

Der zweite Hinweis vor der näheren Beschäftigung mit den Formeln der Vorsatzbildung betrifft eben diese Geduld beim Trainieren. Ich kenne viele Leute, die voller Begeisterung damit begonnen haben. Sie besuchten Kurse und kauften sich alle möglichen Bücher. Andere schafften sich Trainingsanleitungen auf Tonband an, die es neuerdings auch gibt. Ihre Begeisterung war hell entflammt, ihre Erwartungen waren hochgesteckt. Trotzdem haben sie die Sache bald wieder aufgegeben. Sie hatten nicht die Geduld, lange genug durchzuhalten, bis sich jene Erfolge einstellten, die sie erwartet hatten.

Sie meinten, das autogene Training könnte über Nacht etwas bewirken, zu dem sie außer Begeisterung nichts beitragen müßten. In Wahrheit aber vermag es nichts zu bewirken, wenn wir es nicht lange genug betreiben, bis es dann nahezu selbständig etwas zuwege bringt. Zahlreiche Beispiele und Erkenntnisse der beschriebenen Art lassen mich annehmen, daß es besser ist, das Training eher skeptisch anzugehen und sich zu sagen: »Ich probier's jetzt ein halbes Jahr lang und laß mich durch nichts davon abbringen. Wenn ich dann die erwarteten erstaunlichen Resultate an mir erlebe, ist es gut. Wenn nicht, habe ich nichts verloren. Ich kann mich dann entscheiden, ob ich es weiter versuchen will oder ob ich die ganze Angelegenheit abbreche.«

Fünfzehn bewährte Formeln, als Anregung für Sie, Ihre eigenen Vorstellungen wirkungsvoll zu formulieren

Hier sind fünfzehn von ungezählten formelhaften Vorsätzen, die sich im Laufe der Jahre bewährt haben.

Beim Lernen: »Das Lernen fällt leicht, das Gedächtnis behält.«

Bei Zahnschmerzen etwa: »Rechter Oberkiefer angenehm kühl und schmerzfrei.« Oder bei allgemeinen Schmerzen: »Schmerzen sind ganz gleichgültig.«

Bei Verdauungsstörungen: »Der Darm arbeitet ruhig und regelmäßig, die Entleerung erfolgt einmal am Tag.«

Bei Schlafstörungen: »Ich schlafe ganz ruhig, tief und fest.«

Bei Hitze: »Die Haut bleibt angenehm kühl, die Hitze ist ganz gleichgültig.«

Bei Schnarchen: »Ich schlafe ganz ruhig, geräuschlos und still.«

Beim Aufstehen am Morgen: »Ich erwache um sechs ganz munter und frisch.«

Bei Lampenfieber: »Ich denke und handle ganz sicher und klar.«

Bei Angst und Hemmungen: »Ich bin und bleibe frei von Angst.« oder gezielt: »Mein Chef ist gleichgültig.« Oder: »Was andere denken, läßt mich kalt.«

Gegen das Rauchen: »Zigaretten sind völlig gleichgültig.«

Bei sexuellen Störungen: »Ich fühle mich bei Mädchen ganz ruhig und frei.« Oder: »Ich liebe ganz ruhig, sicher und frei.«

Im Straßenverkehr: »Ich fahre im Verkehr ganz sicher und frei.« Oder: »Die Gedanken sind klar zielgerichtet, die Reaktion ist schnell und sicher.« Oder: »Ich bleibe am Steuer ganz frisch und munter.«

Bei Prüfungsangst: »Die Prüfung gelingt, der Prüfer ist gleichgültig.«

Bei Eifersucht: »Ich bin und bleibe von Eifersucht frei.«

Bei Angst vor der Zukunft: »Ich ziehe in die Zukunft, ganz fröhlich und frei.«

Wer noch ausführlicher über Formeln des autogenen Trainings und ihre Anwendung informiert werden möchte, dem kann ein Büchlein von Dr. Klaus Thomas empfohlen werden, das den Titel trägt: »Praxis der Selbsthypnose des Autogenen Trainings.« Dr. Thomas berichtet in dieser Schrift auch von so erstaunlichen Fällen wie diesen:

Ein Angestellter, der jahrelang wegen einer Schuppenflechte erfolglos in fachärztlicher Behandlung war, soll mit der Formel »Die Schuppen verschwinden« eine erstaunliche Besserung erzielt haben. Gegen Warzen soll in anderen Fällen diese Formel geholfen haben: »Die Haut um die Warze wird immer kühler und blasser.« Oder die Formeln: »Es fließt kein Blut in die Warze – bald fällt sie ab« und »Die Warze wird kühl und blaß, trocken und klein.«

Diese kleine Auswahl von Formeln soll für Sie eine Anregung sein, Ihre eigenen Formeln nach Bedarf selbst zu finden. Es kann sich dabei um kurzfristig gewünschte Erfolge handeln, wie etwa bei Schmerzen, Prüfungsangst und morgendlichem Aufstehen, oder um langfristige Lebensvorsätze, wie sie in der zweiten Lektion des Buches besprochen wurden.

Es wird Ihnen aufgefallen sein, daß viele der Formulierungen auf Worte wie »frei« oder »gleichgültig« aufgebaut sind. Betrachten Sie dies als weiteren Hinweis darauf, wie wichtig es ist, Ungeduld, Ehrgeiz oder Leistungserwartung möglichst auszuschalten und sich von dem Problem zu distanzieren. Es geht hier, wie Sie ja schon wissen, um ein beharrliches Anfreunden mit einer Wunschvorstellung, bis sie fest in unserem Unterbewußtsein verankert ist. Aus diesem Grunde ist es besser, sich die Formeln aus einer gewissen Distanz vorzusagen oder vorzustellen. Ohne große Theatralik, ohne den zwanghaften Gedanken: »Es *muß* doch endlich funktionieren.« Tun Sie es völlig gelassen und monoton. Manche Schüler erleichtern sich den Vorgang dadurch, daß sie ihre Formeln reimen oder sie in einem bestimmten Rhythmus hersagen.

Beschäftigen wir uns nun damit, wie man eine oder mehrere Formeln in die Grundtechnik des Trainings einbauen kann. Professor Schultz und die meisten der aus seiner Schule hervorgegangenen Trainer empfehlen, den gewünschten Vorsatz zehn- bis dreißigmal am Schluß der Grundübungen, also vor dem Zurücknehmen, einzufügen.

Ich selbst habe mir folgende Technik zurechtgelegt, die ich seit vielen Jahren mit gutem Erfolg anwende:

1. Bequeme Stellung, Atmung, Harmonie. Sobald diese Voraussetzung hergestellt ist – gleichgültig, wie lange es dauert –, kommt:
2. »Ganz schwer, ganz warm, ganz ruhig«, ein- bis sechsmal.
3. »Der Atem geht ruhig und gleichmäßig« und »Das Herz schlägt ruhig und kräftig«, je ein- bis sechsmal.
4. »Das Sonnengeflecht ist warm durchströmt«, ein- bis sechsmal.
5. »Die Stirn ist angenehm kühl« und meistens, wenn ich im Kopf eine Spannung oder ein Druckgefühl verspüre, »Das Gehirn ist gut durchblutet«, je ein- bis sechsmal.
6. An dieser Stelle füge ich zehn-bis dreißigmal eine Formel ein, die kurzfristig wirksam werden soll. Etwa die Autofahr-Formel. Oder eine Schmerz-Formel vor einer Besprechung oder einer wichtigen Tätigkeit.

7. Dann gehe ich in meiner Vorstellung meinen Körper durch und stelle mir vor »Völlig entspannt«. Ich wandere also von meinem Gesicht über die Nase, das Gehirn zum Nacken, und so weiter, und bei der Vorstellung jedes Körperteils male ich mir aus, wie er »völlig entspannt« ist. Diese Übung ist eine grobe Nachahmung von Methoden der heute noch in China verwendeten Atmungs-Heiltechniken, von denen schon einmal die Rede war.
8. Jetzt schalte ich zehn- bis dreißigmal eine Formel ein, die langfristig wirksam werden soll. Also etwa ein Vorsatz, der sich aus einer meiner Vorstellungen ergibt. Vielleicht den Vorsatz, der Zukunft fröhlich und gelassen entgegenzusehen, gleichgültig, was da komme.
   Diese langfristige Formel sage ich mir im täglichen Training ungefähr vier bis fünf Wochen vor. Dann höre ich mit ihr auf, auch wenn der gewünschte Vorsatz noch nicht die erwartete Wirkung gezeigt hat. Einige Wochen später komme ich dann allerdings wieder darauf zurück.
9. Jetzt kommt der Abschluß mit »ganz schwer«, »ganz warm«, »ganz ruhig« und dem Zurücknehmen.

Diese gesamte Übung *mache ich jeden Morgen und jeden Abend.* Ihre Dauer ist von verschiedenen Umständen abhängig. Davon, wie schnell ich in den typischen Zustand der Entspannung gelange, in dem sich die Grundübungen und die Formel gleichsam selbsttätig vollziehen. Es ist ein Zustand, den man einfach nicht mit Worten beschreiben kann. Man muß ihn anstreben und üben, bis er sich ergibt.
Nachdem in diesem Abschnitt von formelhaften Vorsätzen und deren Anwendung die Rede war, folgen auf den nächsten Seiten Beispiele aus der praktischen Erfahrung.

Lesen Sie hier, wie ich mir mit der Formel »Zigaretten sind völlig gleichgültig« das Rauchen abgewöhnte

Vor ein paar Jahren war ich, wie wohl die meisten starken Raucher, wieder einmal an dem Punkt angelangt, wo ich entschlossen war, mit dieser mich stark belastenden Gewohnheit endlich Schluß zu machen.
Natürlich hatte ich es vorher auch schon oft versucht. Ich hatte auch schon zweimal jeweils fünf Wochen lang die Formel »Zigaretten sind völlig gleichgültig« in mein autogenes Training eingebaut. Aber es hatte nichts genützt.
Wie Sie sich denken können, war das eine arge Enttäuschung für mich. Einige Zeit lang schreckte ich nicht einmal davor zurück, nicht mir selbst, sondern dem autogenen Training die Schuld an meinem Mißerfolg zu geben. Als diese Einstellungskrise vorbei war, faßte ich den Entschluß, die Nichtraucher-Formel wieder in mein tägliches Training einzubauen und beizubehalten – auch wenn es zehn Jahre dauern sollte, bis sich der gewünschte Erfolg einstellen würde.
Drei Wochen später mußte ich mir die erschreckende Tatsache eingestehen, daß ich jetzt nicht weniger, sondern mehr rauchte als jemals zuvor. Dessenungeachtet trainierte ich stur weiter. Aber das Problem ließ mich nicht los. Ich überdachte immer wieder die Zusammenhänge und fragte mich, was ich falsch gemacht haben könnte. Irgendwo zwischen meiner Einstellung, der Technik des Trainings, der Verankerung im Unterbewußten und der Auslösung des verankerten Vorsatzes, irgendwo in diesem ganzen Ablauf schien eine Sperre eingebaut.
Auf diese Weise vergingen sechs oder sieben Monate, in denen sich nichts an meinen Rauchgewohnheiten änderte. Allerdings auch nicht an meiner Entschlossenheit, die Bemühungen weiterzuführen.
Während meiner Spekulationen kam mir folgender Gedanke: Ich sagte mir zwar »Zigaretten sind völlig gleichgültig« vor, und vermutlich waren mir die Zigaretten in Wirklichkeit auch schon längst gleichgültig. Was die Rückkoppelung dieses Vorsatzes jedoch verhinderte, war der Umstand, daß es mir keinesfalls gleichgültig war, ob ich mir das Rauchen abgewöhnte. Wahrscheinlich war genau das Gegenteil der Fall: Ich war ganz wild vor Ehrgeiz, es mir endlich abzugewöhnen. Ich wollte den Erfolg, mit dem ich mich vor den anderen brüsten konnte. Ich wollte der ganzen Welt beweisen, was für ein Kerl ich sei.
All das wollte ich so sehr, daß mich das Versagen besonders hart traf und ich mich in diesem Punkt immer mehr verkrampfte. Mein Ehrgeiz, der

Erfolgswille und die Angst vor der Niederlage, das machte vermutlich jene Sperre aus, nach der ich suchte.
Als ich die Ursache einmal festgestellt hatte, verging noch einige Zeit, bis mir die Therapie dagegen einfiel. Sie bestand darin, daß ich einerseits die Formel »Zigaretten sind völlig gleichgültig« beibehielt, daß ich mir im täglichen Training aber ebenso zehn- bis dreißigmal sagte: »Es ist völlig gleichgültig, ob ich mir das Rauchen abgewöhne.« Sechs Wochen später griff ich nach einer vollen Zigarettenpackung, aber ich öffnete sie nicht, sondern legte sie wieder auf den Tisch zurück.
Seither rauche ich nicht mehr, und auch das Bedürfnis danach ist völlig verschwunden.
Vermutlich war es unbedingt notwendig, diese grundlegende Erfahrung selbst durchzumachen. Sie zwang mich, selbst zu denken, mich nicht auf andere auszureden, mich und die Vorgänge in mir näher kennenzulernen. Wahrscheinlich hätte keine Theorie, auch kein Rat von Dritten meine Probleme mit dem Rauchen zu dieser Lösung bringen können. Ich erfuhr dabei zugleich, wie wichtig es ist, sich nicht allein auf etwas zu verlassen, was man »gelernt« hat, sondern daß es notwendig ist, alles Gelernte respektlos auf die eigenen Verhältnisse zurechtzuschneiden.
Genauso verhält es sich im gesamten Bereich der Selbsterziehung. Ja, es sollte sogar ein Grundsatz für jeden sein, der sich daranmacht, seine Erziehung in eigene Hände zu nehmen. Je öfter man das versucht, je mehr Spaß man gewinnt, je mehr Erfolge sich einstellen, um so selbstbewußter werden wir in allem, was wir tun. Was mich zu meiner Beharrlichkeit und Entschlossenheit und auch Experimentierfreudigkeit im Falle des Abgewöhnens meiner Rauchleidenschaft ermutigt hat, war das Beispiel eines guten Bekannten. Wir verbrachten manche Stunde damit, Streitgespräche über Probleme wie Selbstbeeinflussung, also auch über Wert oder Unwert des autogenen Trainings zu führen. Während ich ihn ständig ermunterte, es doch endlich einmal selbst zu versuchen, berief er sich darauf, eine viel einfachere, bessere und natürlichere Methode der Selbstbeeinflussung zu kennen, als es das autogene Training ist.
Sein Paradebeispiel, mit dem er diese Methode und ihre Wirksamkeit demonstrierte, war, wie er es nannte, »diese Sache mit meiner Impotenz«.
Dieser Mann war zweimal verheiratet und beide Male wieder geschieden worden. Er hielt es nie zu lange in der Enge einer Ehe aus. Er war einer jener lebenslustigen Männer, denen viele Frauen gefallen, und die auch vielen Frauen gefallen. Er schien ein tüchtiger Liebhaber gewesen zu sein, wie man allgemein hörte. Er war sich dessen auch voll bewußt. Es gab ihm Sicherheit im Umgang mit den Damen.
Gerade weil Erotik und seine Potenz für ihn so wichtig waren, traf es ihn besonders hart, als er mit etwa 47 Jahren erste unerwartete Schwächeer-

scheinungen in seiner Spezialdisziplin feststellen mußte. Es schien tatsächlich, als bedeute das die größte Niederlage seines ganzen Lebens. Natürlich wollte er es anfangs nicht so recht wahrhaben. Nach außen hin versuchte er es mit allerhand Tricks zu verbergen, was natürlich nur kurzfristig gelingen konnte. Nach innen verkrampfte er sich in »Das gibt es doch gar nicht« und »Mir darf doch so etwas nicht passieren«.

Ich weiß nicht, ob ich der einzige seiner Freunde war, den er schließlich ins Vertrauen zog. Ich werde jedoch nie die Umstände vergessen, wie er es mir anvertraute. Ein gebrochener Mann schien da vor mir zu sitzen, dessen Welt mit dem Nymbus des allzeit potenten Supermannes wie ein Kartenhaus zusammengestürzt war.

Ich sah ihn dann längere Zeit nicht und weiß auch nicht mehr, was er alles ausprobierte, um wieder zu Kräften zu kommen. Bis er, wie er mir später anvertraute, ganz allein eine für ihn wirkungsvolle Methode fand, sein Problem – das erwartungsgemäß weniger ein körperliches als ein psychisches Problem war – eindrucksvoll zu lösen.

Diese Methode war höchst einfach. Sie ist für uns deshalb so interessant, weil sie zeigt, wie vielfältig die Varianten des autogenen Trainings sein können. Wobei bemerkt werden muß, daß mein Bekannter zu jenem Zeitpunkt noch nicht die geringste Ahnung hatte, was autogenes Training überhaupt ist. Seine Methode jedenfalls bestand darin, daß er sich mit größter Beharrlichkeit, morgens vor dem Frühstück, beim Mittagessen, vor dem Schlafengehen und immer zwischendurch, wenn ihm ein paar Minuten Zeit blieben, den Satz suggerierte: »Mein Penis ist von Blut durchströmt, beim Lieben verläßt mich nie die Kraft.« Er würde, so beschloß er damals, für den Rest seines Lebens mit dieser suggestiven Formel leben, denn »hilft es nicht, dann schadet es auch nicht«.

Nach Aussage meines Freundes dauerte es ungefähr acht Monate, bis sich ein durchschlagender Erfolg einstellte. Ein Erfolg, der nicht nur seinen Ruf als Liebhaber neu festigte, sondern ihm auch für jeden sichtbar seine Selbstsicherheit zurückgab.

Ich hörte von diesen Erfahrungen meines Freundes einige Zeit, ehe ich mich selbst daranmachte, mir das Rauchen abzugewöhnen. Was ich erfuhr, ermunterte mich dazu. Es zeigte sich nämlich, wie wichtig es ist, sich von vornherein für eine unbegrenzte Beharrlichkeit bei der Anwendung eines formelhaften Vorsatzes zu entscheiden. Diese Entscheidung hilft einem weiterzumachen, wenn andere aufgeben, obwohl sie gerade zu diesem Zeitpunkt schon nahe am Ziel sind.

Der gute Rat, das autogene Training zu lernen – aber dann noch ein paar wichtige Schritte weiterzugehen

Es soll hier, am Ende der vierten Lektion, keineswegs behauptet werden, Sie wüßten nun alles über das autogene Training und die vielfältigen Möglichkeiten, die es für die Bewältigung der Probleme unseres Lebens in sich birgt. Immerhin kennen Sie aber jetzt die Grundzüge dieser Methode, und Sie haben auch erfahren, daß es nicht allein genügt, die Technik brav und exakt zu erlernen. Sie sollten vielmehr jede sich bietende Gelegenheit nützen, eigene Erfahrungen zu sammeln. Vor allem aber sollten Sie nicht vergessen, das autogene Training als Bestandteil eines großen persönlichen Konzepts der Selbsterziehung zu sehen, in dem Sie selbst die Rolle Ihrer Erzieher übernehmen. Gleichgültig, welchen Einfluß diese Erzieher in Ihrem Leben bisher hatten und heute noch haben. Ob es die Eltern waren oder noch sind, die Lehrer, die Bürokraten als Repräsentanten der Staatsautorität, die Propagandisten der Wirtschaft und Politik oder Lebenshilfe – Autoritäten wie Ärzte oder Anwälte.

Sie alle lenken durch ihre permanenten Einflüsse unser Leben nach den von ihnen festgelegten Regeln und damit natürlich auch zu ihrem Vorteil. Nichts ist ihnen lieber, als wenn wir uns diesen Regeln gehorsam unterordnen, nicht aufmucken und keine Schwierigkeiten machen. Wer sich in der Rolle des seiner Individualität beraubten Massenmenschen wohl fühlt, wird kaum jemals das Bedürfnis nach Selbsterziehung haben. Wer aber das Bedürfnis spürt, seinen eigenen Vorstellungen gemäß zu leben und sich zu entfalten, der muß einerseits diese Lebensvorstellungen konkretisieren, und er muß andererseits die Grundlage dafür schaffen, sich vom Einfluß der bisherigen erzieherischen Autoritäten zu befreien. Dieser Einfluß fußt, wie wir wissen, vorwiegend auf der Methode der »Erziehung durch Erpressung«.

Wer diesen Zwang als Motor seines Handelns und seiner Weiterentwicklung braucht, wird es nicht leicht haben, bei sich selbst einen Ersatz zu entwickeln. Dieser Ersatz heißt Selbstdisziplin oder Selbstbemeisterung oder Selbstbeeinflussung. Das Instrument dafür ist das autogene Training. Oder lassen Sie es mich noch vorsichtiger ausdrücken: Eines von vielen Instrumenten dafür kann das autogene Training sein. Hier ist ein Beispiel aus meinem Bekanntenkreis, mit dem ich Ihnen verdeutlichen möchte, was gemeint ist.

Die Frau heißt Melitta S. und ist 37 Jahre alt. Sie litt an Beklemmungen und konnte sich nicht vorstellen, woher sie kamen. Immer häufiger

wachte sie nachts auf und stürzte zum Fenster, weil sie meinte, keine Luft mehr zu bekommen. Gelegentlich spürte sie an der linken Brustseite einen Druck, dann wieder stellten sich unerträgliche Kopfschmerzen ein. All das beunruhigte diese Frau natürlich. Die Unruhe führte dazu, daß sie viel rauchte und mehr Alkohol trank als früher. Vermutlich weil sie glaubte, so vor den Krankheitserscheinungen flüchten zu können. Offensichtlich gab es da aber noch einiges, vor dem sie wegzulaufen versuchte. Ihre Mutter, mit der sie zusammenlebte. Ein Mann, den sie schon seit vielen Jahren kannte, der sie aus irgendwelchen Gründen aber nie fragte, ob sie seine Frau werden möchte. Da war auch noch ihr Chef, in den sie schon sehr lange verliebt war, allerdings aussichtslos.
Diese Frau war eine disziplinierte Mitarbeiterin, sie leitete eine Abteilung in einem mittleren Betrieb, und sie verdiente ausgezeichnet. Jedenfalls gab es genug Gründe für sie, mit sich und ihrem Leben zufrieden zu sein. Trotzdem war sie es nicht. Sie wußte auch nicht, warum und sie wußte auch nicht, was sie hätte daran ändern können.
In dieses Leben nach vorgezeichneten Regeln, die von anderen, von ihrer Firma, ihrem Chef, ihrer Mutter und ihrem Freund bestimmt wurden und mit denen sie sich schon seit Jahren abgefunden hatte, kam jetzt ein neues Moment: die Krankheitserscheinungen.
Es ist typisch für die meisten Menschen, daß sie genauso wie Melitta S. denken und handeln. Nämlich so: Sie ertrug die Belastung durch ihre ewig zankende Mutter oder das jahrelange Leiden zwischen zwei Männern geduldig und hilflos, »weil mir«, wie sie sagte, »aus diesem ganzen Elend doch keiner heraushelfen kann«. Jetzt, wo sie körperlich litt, wußte sie sofort, was zu tun war. Sie ging zu einem Arzt, in der Erwartung, daß er in einer Zeit des größten medizinischen Fortschritts ganz bestimmt sofort etwas gegen ihre Beklemmungen tun könnte.
Ihr Hausarzt meinte, sie sei überreizt und müsse ein paar Wochen ausspannen. Außerdem verschrieb er ihr verschiedene Medikamente, von denen die Patientin nie erfuhr, wofür sie eigentlich nützlich sein sollten. Sie nützten auch nichts. Da entschloß sie sich zu einer Kur in einem bekannten Kurort. Dort wurde sie gut betreut und mit allen möglichen Methoden behandelt. Tatsächlich kam sie auch erholt zurück an ihren Arbeitsplatz. Drei Wochen später allerdings war das alte Leiden wieder da. Dieses Mal begleitet von mehr Angst als zuvor. Anfangs hatte Melitta S. noch gemeint: »Die Ärzte werden doch sicher ein Mittel gegen meine Krankheit wissen.« Jetzt fing sie allmählich an, daran zu zweifeln.
Diese Zweifel hinderten sie jedoch nicht, darauf zu vertrauen, daß es irgendwo einen Professor, einen Facharzt, einen jener berühmten Spezialisten geben müsse, der ihr helfen könnte. Sie begann also einen langen Weg durch die Wartezimmer. Überall wurde sie untersucht. Überall

wußte man angeblich ganz genau, woran sie litt und woher ihre Beklemmungen und ihr Leiden kamen. Geholfen allerdings wurde ihr nicht. Meine Frau und ich konnten den hier beschriebenen Weg aus der Entfernung unserer gelegentlichen Zusammentreffen mit Melitta S. verfolgen. Bei einem dieser Zusammentreffen erzählte meine Frau von den erstaunlichen Erfolgen mit dem autogenen Training, die sie am eigenen Leib erlebt hatte, als sie mit Hilfe dieser Methode unseren zweiten Sohn völlig schmerzlos zur Welt brachte.

Melitta S. lernte das autogene Training und machte eine erstaunliche Feststellung. Seit sie die Formel »Das Gehirn ist gut durchblutet« täglich anwandte, waren wenigstens ihre Kopfschmerzen völlig verschwunden. Die anderen Krankheitserscheinungen hatten sich etwas gebessert, so erzählte sie wenigstens, aber sie waren weiter vorhanden. Das autogene Training half offensichtlich nicht.

Zu diesem Zeitpunkt fand ein weiteres für Melitta S. sehr interessantes Ereignis statt. Sie las in einer Illustrierten von einem Medikament, das angeblich genau bei jenen Beklemmungen und dem gelegentlichen Schmerz in der linken Brustseite Abhilfe schaffen konnte, der ihr so zu schaffen machte. Dieses Medikament trug den Namen »Strodival« und gilt als eine Art Wundermittel gegen Herzbeschwerden. Allerdings nur unter Eingeweihten, weil die Mehrzahl der Ärzte es nicht kennt, oder aus allen möglichen Gründen nicht bereit ist, es ihren Patienten zu verschreiben.

Melitta S. ging also zu ihrem Hausarzt, um sich dieses »Strodival« verschreiben zu lassen. Früher, das muß gesagt werden, wäre es ihr niemals eingefallen, von ihrem Arzt ein bestimmtes Rezept zu fordern. Aber seit weder er noch seine spezialisierten Kollegen ihr Linderung verschaffen konnten, hatte sich in ihr so etwas wie eine selbstverleugnerische Auflehnung breitgemacht. »Wenn mir die Ärzte schon nicht helfen können«, sagte sie sich, »dann kann mir auch nicht mehr ihr selbstherrliches Verhalten imponieren.«

Als ihr Arzt die Forderung nach dem erwähnten Medikament mit dem mürrischen Hinweis abtun wollte: »Sie werden mir doch wohl nicht vorschreiben wollen, welches Medikament ich Ihnen verschreibe«, stellte sie ihn vor die Alternative: »Entweder Sie tun es, oder Sie sehen mich nie wieder.«

An diesem Tag begann sie, sich einen neuen Arzt ihres Vertrauens zu suchen. Sie war frohen Mutes, weil sie es endlich einmal fertiggebracht hatte, sich aufzulehnen und ihren eigenen Weg zu gehen.

Um es kurz zu machen: Sie fand einen Arzt, der ihr das Medikament verschrieb. Es half gegen ihre Herzbeschwerden. Für Melitta S. begann damit eine völlig neue Einstellung zu sich selbst und zu ihrem Leben:

- Das Kopfweh hatte sie aus eigener Initiative mit Hilfe des autogenen Trainings beseitigt.
- Sie selbst hatte das Medikament gefunden, das half, nachdem die Ärzte, deren Urteil sie so lange blind vertraut hatte, ihr nicht hatten helfen können.
- »Warum«, so fragte sie sich in ihrem neugewonnenen Selbstbewußtsein, »soll ich nicht imstande sein, auch die anderen Probleme, die mich belasten, selbst zu lösen?«

Wenn es Sie interessiert, will ich Ihnen gerne sagen, wie sich das Leben der Melitta S. seither entwickelte. Als erstes befreite sie sich von einem weiteren Problem mit Hilfe des autogenen Trainings und der Formel »Mein Chef und das Gefühl zu ihm sind völlig gleichgültig. Er ist ein Mann wie jeder andere.«

Dann trennte sie sich von ihrem Freund, weil sie zu der Einsicht kam, daß weder er ihr noch sie ihm das geben konnte, was für eine längere Beziehung notwendig gewesen wäre. Mit ihrer Mutter schließlich führte sie eine klärende Aussprache herbei, in der sie zum erstenmal in aller Deutlichkeit ihren Standpunkt darzulegen wagte. Er lautete ungefähr so: »Liebe Mutter, ich mag dich sehr gerne, aber ich bin nicht mehr das kleine gehorsame Mädchen von einst. Ich bin erwachsen und habe meine eigenen Vorstellungen vom Leben. Entweder du akzeptierst meine Vorstellungen, oder einer von uns muß die Wohnung verlassen.« Seit dieser Konfrontation ist die Position zwischen Mutter und Tochter, wenigstens vorläufig, geklärt.

Ich habe Ihnen dieses Beispiel aus meinem Bekanntenkreis so ausführlich erzählt, weil es mir typisch zu sein scheint. Und zwar in folgenden Punkten:

1. Eine Frau von 37 Jahren, tüchtig, selbständig und mit allen Voraussetzungen, um selbstbewußt und glücklich zu sein, hat sich ihr ganzes bisheriges Leben von anderen abhängig gemacht. Vom Respekt vor ihrer Mutter, der unerwiderten Liebe zu ihrem Chef und der Hoffnung, daß die Ärzte ihr Linderung für ihre körperlichen Beschwerden verschaffen werden.
2. Die Enttäuschung, die ihr die Ärzte bereiteten, forderte sie dazu heraus, selbst nach Lösungen für ihre Probleme zu suchen.
3. Als sie dabei anfängliche Erfolge erzielte, indem sie sich mit Hilfe des autogenen Trainings von ihren Kopfschmerzen befreite, wuchs ihr Selbstvertrauen.
4. Sie glaubte nicht mehr kritiklos den Autoritäten und begann, ihr Leben völlig neu zu gestalten. Sie machte sich von der Abhängigkeit einer aussichtslosen Gefühlsbindung frei und klärte das Verhältnis zu einem unentschlossenen Mann und zu ihrer Mutter.

Zweifellos hatte bei dieser Entwicklung das autogene Training eine wichtige Rolle gespielt. Es hatte den Anstoß gegeben, daß Melitta S. sich selbst entdeckte. Sie begann, selbst zu denken und verließ sich nicht mehr nur auf das Urteil sogenannter Autoritäten. Sie fand ein Medikament, das die sie behandelnden Ärzte nicht gefunden hatten, und machte schließlich den entscheidenden Schritt heraus aus der Resignation. »Nach all dem, was geschehen war«, erzählte mir Melitta S. erst vor ein paar Tagen, »wurde mir von einem Tag auf den anderen klar, wie sehr ich mich hatte gehenlassen. Eigentlich führte ich nicht mehr ein Leben nach eigenen Vorstellungen, sondern tat nur mehr das, was andere von mir erwarteten. Da entdeckte ich plötzlich die Faszination des Abenteuers, mein Leben selbst zu bestimmen.«
Diese Faszination begann mit dem autogenen Training. Aber es war keinesfalls damit zu Ende.

Eine Zusammenfassung, ehe Sie weiterlesen

Die formelhaften Vorsätze im autogenen Training sind die Verankerung Ihrer Lebensvorstellungen im Unbewußten. Von dort werden sie zum gewünschten Zeitpunkt automatisch wirksam.

Der Erfolg dieses Vorgangs hängt nicht von Ihrem Ehrgeiz oder Ihrem Leistungswillen ab. Das Gegenteil ist der Fall. Entscheidend sind Geduld und Beharrlichkeit beim Üben.

Sie können in Ihr tägliches Übungsprogramm einen oder zwei formelhafte Vorsätze einbauen, die Sie sich jeweils zehn- bis dreißigmal im Geiste vorsagen und vorstellen.

Fünfte Lektion

Es gibt unzählige Dinge in unserem Leben, über die wir viel besser Bescheid wissen als über unseren eigenen Körper. Wir behandeln unsere Autos und Waschmaschinen mit viel mehr Sorgfalt als uns selbst. Für manche ist ihr Körper so etwas wie ein lästiges Anhängsel. Kein Wunder, daß sich der Körper dafür eines Tages rächt.
In dieser Lektion steht vor allem die Einstellung zu unserem Körper im Mittelpunkt der Betrachtungen. Und auch die Einstellung zu Gesundheit und Krankheit. Wohlgemerkt: Es geht hier nicht um ein paar Tips zum Schlankwerden oder Fitbleiben. Es geht darum, bewußt und gezielt mit seinem Körper zu leben – statt gegen ihn. Für manchen, der das liest, ist es vielleicht notwendig, einiges in seinen Lebensgewohnheiten zu ändern. Tun Sie es rasch, sich selbst zuliebe.

Warum es so wichtig ist, mehr an unsere Gesundheit zu denken als an unsere Krankheiten

Eine Milliardenindustrie sorgt sich Tag und Nacht um unsere Schönheit. Weil die meisten von uns meinen, Schönheit sei etwas, das sich mit Wässern und Düften, mit Farbe und Schminke erschwindeln läßt. Eine andere Milliardenindustrie ist unermüdlich damit beschäftigt, uns Heilung unserer körperlichen Leiden zu versprechen.

Dem ganzen Aufwand nach müßten wir heute längst eine Welt voller schöner und gesunder Menschen haben. Seltsamerweise haben wir das nicht. Und warum nicht? Weil keine Industrie mit noch so großem Aufwand das ersetzen kann, was nur wir selbst für unseren Körper tun können.

Was aber tun wir?

Unser Körper ist uns vielfach so fremd geworden, daß wir ihm die schwersten Mißhandlungen zufügen. Bedenkenlos liefern wir ihn der Verunstaltung durch andere aus. Wie hilflose Lämmer legen sich Menschen zu Tausenden auf die Operationstische, um sich Blinddarm, Mandeln, Gallenblase oder stückweise ihren Magen herausschneiden oder ein Bein abnehmen zu lassen.

Diese Menschen glauben fest daran, das alles sei unbedingt notwendig. Sie glauben es in tiefer Ehrfurcht vor denen, die ihnen das einreden. Kaum jemand hält es für nötig, die Auskünfte von Ärzten gründlich zu überprüfen. Etwa die leichtfertige Art, mit der behauptet wird, ein Blinddarm sei sowieso zu nichts nütze, den könne man jederzeit ohne Gefahr entfernen. Oder die Ansicht, daß Raucherbeine nur durch Amputation geheilt werden könnten.

Solche Ansichten und Vorgangsweisen sind so fest verankert, daß man gar nicht mehr daran zu denken scheint, nach besseren Lösungen zu suchen. Oder, wenn solche besseren Lösungen bereits existieren sollten, sie auch anzuwenden. Denn in der Wissenschaft ist es keineswegs selbstverständlich, daß eine bessere Methode auch wirklich angewendet wird.

Wichtig ist vielmehr, daß eine Heilmethode »wissenschaftlich anerkannt« wird. Bis das geschieht, kann es durchaus vorkommen, daß noch ein paar tausend oder gar zehntausend Kranke sterben müssen, ehe diese Methode schließlich ihre wissenschaftliche Anerkennung findet.

Aber kehren wir nach dieser kleinen Abschweifung wieder zu uns selbst zurück. Und zu der Tatsache, daß sich viele von uns ihres Körpers nur dann erinnern, wenn er sie schmerzt. »Ja, ja, das stimmt«, werden Sie

jetzt vermutlich denken. Und: »Leider gehöre ich auch zu diesen Leuten.«
Die meisten von uns gehören zu diesen Leuten, weil sie noch nicht erkannt haben, daß damit ein verhängnisvoller Kreislauf der hilflosen Abhängigkeit beginnt, in den sie sich immer mehr verstricken.
Es ist der »Kreislauf des Krankheitsdenkens«. Statt uns des Körpers bewußt zu sein, solange er gesund ist, interessiert er uns erst, wenn er krank geworden ist.
Dieser »Kreislauf des Krankheitsdenkens« und seine Folgen sind für uns so verheerend, daß wir uns mit seinen einzelnen Entwicklungsphasen näher auseinandersetzen sollten.

1. Die Phase der Arglosigkeit.

Für viele Menschen ist der erste Abschnitt ihres Lebens von der Unbekümmertheit gekennzeichnet, ihr Körper werde irgendwie auf eine selbstverständliche Weise gesund bleiben. Sie können sich nicht vorstellen, daß sie jemals krank werden. Wenigstens nicht ernsthaft. Sollte dieser Fall aber eintreten, sehen sie in gläubiger Erwartung den Wundern entgegen, die eine vielgerühmte Medizin für ihre Heilung bereithält.

2. Die Phase der Selbstmißachtung.

Ihr blindes Vertrauen darauf, daß ihnen im Falle einer Krankheit die Ärzte mit Sicherheit helfen können, führt bei vielen Menschen zu einer völligen Vernachlässigung der Sorge um ihre Gesundheit. Es ist für sie viel einfacher zu sagen: »Wenn mir etwas weh tut, verschreibt mir der Arzt ein Rezept«, als zu beschließen: »Damit mir nichts weh tut, unternehme ich alles, was in meiner Macht steht, um meine Gesundheit zu erhalten.«
So leben wir vielfach mit der Einstellung: Ich kann essen, was ich will, ich kann rauchen, soviel ich will, ich kann die natürlichen Abwehrkräfte des Körpers verkümmern lassen – es gibt ja für jedes Leiden ein Medikament.
Aber das Wundermittel, das mehr für unsere Gesundheit tun könnte als wir selbst, gibt es nicht. Die Ärzte vermögen manches, aber wir dürfen von ihnen nicht erwarten, daß sie uns gesund erhalten. Sie behandeln uns, wenn wir krank sind. Wenn sie damit Erfolg gehabt haben, interessieren wir sie nicht mehr.
Es gehört zu den Irrtümern unserer Zeit, daß wir in der Medizin etwas

sehen, was sie nicht ist. Etwas, an das wir uns in der Not klammern können. Etwas im Bereich der Wundertätigkeit.
Die Realität ist anders.
Wir müssen davon ausgehen, daß die Medizin und die von ihr lebenden Industrien und Berufe in erster Linie ein Wirtschaftszweig wie jeder andere ist. Ein Wirtschaftszweig, der nicht davon lebt, daß wir gesund sind, sondern davon, daß wir möglichst oft krank sind. Weil so viele Menschen diese einleuchtende Realität verkennen, erwarten sie von den Ärzten und Medikamenten Wunderdinge, die nicht erfüllt werden. Und deshalb befassen sich so wenig Menschen wirklich ernsthaft damit, sich gesund zu erhalten.

3. Die Phase der Abhängigkeit.

Im Leben fast jedes Menschen, der seinen Körper und seine Gesundheit lange genug mißachtet, kommt der Zeitpunkt, an dem er für das Versäumte mit schmerzlicher Abhängigkeit bezahlen muß. Kommt Ihnen nicht wenigstens eine der vier hier aufgezählten Folgeerscheinungen bekannt vor?

- Wir gewöhnen uns das Rauchen an und hoffen, daß unser Körper die Belastung schon irgendwie verkraften wird. Wenn sich die ersten Beschwerden einstellen, haben wir nicht mehr die Kraft, mit dieser Gewohnheit aufzuhören.
- Wir essen zuviel und wir essen das Falsche. Bis wir übergewichtig werden und sich als Folge weitere Beschwerden einstellen. Manchmal kann gerade noch geholfen werden.
  Oft schaffen wir es nur mehr vorübergehend, unsere Ernährungsgewohnheiten zu ändern.
- Wir mißachten so lange die einfachsten natürlichen Bedürfnisse unseres Verdauungsapparates, bis Magen und Darm in Mitleidenschaft gezogen sind. Dann versuchen wir, das Versäumte mit Medikamenten nachzuholen.
- Solange wir gesund sind, erscheint es uns nicht notwendig, unseren Körper regelmäßig zu bewegen und abzuhärten. Die fehlende Widerstandskraft macht uns für Krankheiten anfällig, die ein trainierter Körper ohne Schwierigkeiten abwehren könnte. Die Schlußfolgerung aus diesen Beispielen lautet: Wenn wir nicht rechtzeitig alles tun, um gesund zu bleiben, begeben wir uns selbstverschuldet in eine Abhängigkeit, unter der wir vielfältig zu leiden haben. Denn keine Krankheit ist allein ein Gebrechen des Körpers. Unser gesamtes Gleichgewicht gerät durcheinander.

4. Die Phase der Heuchelei.

Der Weg zur Krankheit ist für so viele von uns gleichzeitig ein Weg permanenten Selbstbetrugs. Wir sind ständig auf der Suche nach bequemen Lösungen und wir sind ständig geneigt, unbequemen Wahrheiten aus dem Wege zu gehen. Wenigstens solange es möglich ist.

Die geradezu mystische Gläubigkeit an die Wunder der Medizin ist im Grunde genommen nichts anderes als eine Form des Selbstbetrugs. Sie ist eine Entschuldigung dafür, warum wir selbst nicht alles uns Mögliche für unsere Gesundheit tun. Es darf uns nicht wundern, wenn der Wirtschaftszweig Medizin sich unsere Neigung zur Heuchelei zunutze macht. Er gibt uns schnelle, bequeme und oberflächliche Beruhigungen für Schmerzen und Leiden, statt gründliche Heilung. Warum auch nicht? Wenn wir uns damit zufriedengeben.

Ich habe gelesen, daß es früher einmal, vor 500 oder 1000 Jahren, in China folgendes System gegeben hat:

Familien, die es sich leisten konnten, bezahlten einen Arzt monatlich dafür, daß er die Angehörigen betreute. Der Arzt war in hohem Maße daran interessiert, daß niemand in der Familie krank wurde oder längere Zeit krank blieb. In diesem Falle wurden nämlich die Zahlungen an ihn so lange eingestellt, bis der Patient genesen war.

Vielleicht gab es dieses System in der Praxis gar nicht. Vielleicht ist diese überlieferte Geschichte nur dem Wunsch nach einem leistungsorientierten Gesundheitssystem entsprungen. Das System, in dem wir heute leben, ist das genaue Gegenteil. Es sichert den Arzt nahezu vollkommen ab. Der Patient hingegen besitzt so gut wie keine Möglichkeit zu kontrollieren, ob er tatsächlich die bestmögliche Behandlung erfährt.

Dieses widersprüchliche System ist eine entscheidende Ursache für das gestörte Verhältnis so vieler Menschen zu ihrer Gesundheit. Natürlich können wir jetzt sagen: »Was soll ich als einzelner denn dagegen tun? Ich kann das System doch nicht ändern.«

Das System ändern zu wollen, sollten wir tatsächlich anderen überlassen, die sich immer wieder dazu berufen fühlen. Wir sollten uns vielmehr auf eine realistischere Aufgabe konzentrieren: auf die Änderung der eigenen Einstellung. Und, wenn es notwendig erscheint, auch auf die Änderung einiger Lebensgewohnheiten, die uns in unserem bisherigen Leben mehr geschadet als genützt haben.

Die erstaunliche Geschichte eines Mannes, an dem wir alle uns ein Beispiel nehmen können

Im vorangegangenen Abschnitt war davon die Rede, daß wir etwas für unsere Gesundheit tun sollten, um möglichst wenig krank zu werden. Und auch davon, daß wir selbst uns helfen sollten, weil im Grunde genommen niemand ein echtes Interesse daran haben kann, uns langfristig zu helfen. Hier ist nun der authentische Bericht über das Schicksal eines Mannes, der aufzeigt, zu welchen erstaunlichen Ergebnissen es führen kann, wenn man sich zur Selbsthilfe entschließt.

Der Mann, um den es hier geht, heißt Ernst Sikor. Er war zu dem Zeitpunkt, als ich von seinen Erlebnissen erfuhr, Pianist in dem bekannten Wiener Restaurant »Griechen-Beisl«. Dies ist nicht ohne Bedeutung, weil es zeigt, daß er seinen Lebensunterhalt davon bestritt, seine Finger zu gebrauchen.

Ernst Sikor war gerade 50 Jahre alt geworden, als er von einem Leiden befallen wurde. Es begann mit Gliederschmerzen, später wurde ihm jede Bewegung zur Qual. Die Schmerzen begannen in den Knien, erfaßten die Fußgelenke und griffen dann auf die Finger und den gesamten Bereich der Wirbelsäule über. Als es soweit war, daß Sikor seine Finger nur mehr unter Schmerzen gebrauchen konnte, wurde die Krankheit für ihn zur Bedrohung seiner Existenz. Er beschloß, sich der Kunst der Ärzte anzuvertrauen.

Sein erster Weg führte ihn zu einem praktischen Arzt. Der allerdings konnte ihm nicht helfen und schickte ihn weiter zu Internisten, Orthopäden und allen möglichen Fachärzten. Sie alle haben sich, das bestätigt ihnen der Pianist, redlich um ihn bemüht. Vor allem versuchten sie eifrig, die Ursache seiner Krankheit zu erforschen.

Je mehr Ärzte sich um Ernst Sikor bemühten, um so mehr Ursachen fanden sie für sein Leiden. Für die einen handelte es sich um eine ganz gewöhnliche Alterserscheinung, andere sprachen von Polyarthritis, Arthrose, Rheuma, Neuralgie oder Gicht. So vielfältig wie die Diagnosen waren auch die Therapien, die dem Patienten verordnet wurden. Es waren Bestrahlungen, Hochfrequenzbehandlungen, Schwefelbäder, orthopädische Schuheinlagen und viele, viele Medikamente, um die Schmerzen zu lindern. Alles half ein bißchen, aber nichts half wirklich.

Ernst Sikor ging bald auf Krücken und bewegte sich schließlich nur noch im Rollstuhl fort. Seit den ersten Anzeichen seiner Krankheit waren inzwischen vier oder fünf Jahre vergangen.

»Was empfindet ein Patient«, wurde Sikor später gefragt, »wenn er nach so langer Zeit und nach so vielen Leiden erkennen muß, daß die Ärzte ihm nicht helfen können?« Sikor antwortete: »Es steigt in einem langsam die Verzweiflung hoch. Ich erinnere mich, daß ich einmal nach einem Schwefelbad, das mir eigentlich helfen sollte, schmerzgekrümmt nach Hause kam. Damals habe ich mir gedacht, das Leben wird für dich jetzt langsam uninteressant.«
Bei diesem Satz sollten wir einen Augenblick lang innehalten. Wir sollten uns vorstellen, daß genau das, was dem Pianisten Ernst Sikor passierte, jedem von uns auch passieren kann. Der gleiche Leidensweg, die gleiche Hilflosigkeit, die gleiche Enttäuschung und schließlich die Resignation mit dem Gedanken: »Das Leben wird für dich langsam uninteressant.«
Wenn man an diesem Stadium der Entwicklung angelangt ist, gibt es zwei Möglichkeiten. Die eine ist, daß wir aufgeben und alles weitere dem Schicksal überlassen. Die andere Möglichkeit ist der Entschluß: »Nachdem das blinde Vertrauen in die Kunst der Ärzte nicht half, versuchte ich selbst alles mir Mögliche.«
Ernst Sikor wählte diesen zweiten Weg. Es muß dabei erwähnt werden, daß er bis zu diesem Zeitpunkt nicht die geringste Ahnung von medizinischen Zusammenhängen hatte. Gesagt muß auch werden, daß er auf seinem Leidensweg einen Arzt gefunden hatte, der mehr als ein bloß oberflächliches Interesse an seiner Krankheit hatte. Mit dem er reden konnte, und der ihn ermunterte, selbst Initiativen zu ergreifen.
Dies mag als Beweis dafür angesehen werden, wie wichtig die Funktion des Arztes als Partner des Patienten ist. Als sein Partner, wohlgemerkt. Es zeigt aber auch, wie wichtig es für uns ist, die Möglichkeiten der Medizin und der einzelnen Mediziner richtig einzuschätzen und von ihnen nicht etwas zu erwarten, was sie nicht erfüllen können.
Sie sind keine Wundertäter. Sie sind Menschen, die genauso wie wir Fehler machen und die wie wir voller Eitelkeiten und Ängste sind. Manche sind tatsächlich zu Helfern berufen, andere wieder üben diesen Beruf nur aus, weil er viel Geld und Prestige einbringt.
Das sollten wir wissen und so nehmen, wie es ist. Wir sollten aber genauso erkennen, daß die Medizin und ihre Vertreter immer nur so gut und so schlecht sein können, wie wir es zulassen.
Der Pianist Ernst Sikor ließ es nicht zu, daß die Unfähigkeit einiger Ärzte ihn für den Rest seines Lebens zu hilflosem Siechtum verurteilte. Er fing an, sich selbst über seine Krankheit zu informieren, statt sich nur auf die kargen Informationen der Ärzte zu verlassen.
»Das auslösende Moment, selbst etwas gegen mein Leiden zu unternehmen«, erzählte Sikor, »war ein Röntgenbild. An Hand dieser Aufnahme konnte man erkennen, daß meinen Knochen Kalk fehlte.«

Millionen von uns würden bei dieser Erkenntnis hilflos abwarten, welche Schlüsse ein Fachmann daraus zieht. Sikor wartete nicht. Er zog daraus seine eigenen Schlüsse. »Ich habe«, so erinnert er sich, »meinen Arzt gebeten, mir Kalktabletten zu verschreiben. Anfangs zögerte er zwar, aber schließlich tat er es doch.« Sikor kaufte die Tabletten und nahm davon bis zu 30 Stück am Tag.

Wirkten sie? Geschah das große Wunder?

Es geschah keineswegs. Für kurze Zeit trat zwar eine Besserung in seinem Befinden ein, dann aber war alles wieder wie vorher. Doch der Pianist hatte nun einmal angefangen, sich nicht mehr allein auf andere zu verlassen. Er war fest entschlossen, selbst seiner Krankheit zu Leibe zu rücken. Lesen Sie nun, wie er die weitere Entwicklung schildert.

Frage: »Sie haben also nicht resigniert. Was haben Sie getan?«

Sikor: »Ich habe nachgedacht. Nach allem, was ich bis zu diesem Zeitpunkt in der einschlägigen Fachliteratur gelesen hatte, versuchte ich die Frage zu lösen: ›Wie kann ich meinen Knochen die fehlenden Kalksalze zuführen?‹ «

Frage: »Was hat eigentlich damals Ihr Arzt gesagt?«

Sikor: »Eigentlich nichts. Ich hatte allerdings den Eindruck, daß die Ärzte nicht sehr begeistert waren von der Kalktabletten-Therapie, die ich mir selbst verordnet hatte.«

Frage: »Was haben Sie also weiter gemacht?«

Sikor: »Ich bin auf die Idee gekommen, Eierschalen als Medikament zu verwenden.«

Frage: »Eierschalen? Hatten Sie von so einer Behandlung gelesen?«

Sikor: »Nein, nirgendwo. Mir war nur klar, daß ich Kalksalze brauchte. Ich habe also überlegt, wo ich sie in reinster Form finden könnte. Hühnereier, roh, mit den Häutchen unter der Schale – das war mein Königsgedanke, nach alledem, was ich bis dahin darüber gelesen hatte.«

Frage: »Sie haben das also an sich selbst ausprobiert?«

Sikor: »Ja. Ich bin von der Überlegung ausgegangen, daß die normalen Kalktabletten von älteren Menschen einfach nicht mehr aufgenommen werden können.«

Frage: »Können Sie ganz genau sagen, wie Sie auf Ihre ›Königsidee‹ gekommen sind?«

Sikor: »Ehrlich gesagt, ich weiß es nicht. Ich habe einfach nachgedacht und immer wieder nachgedacht. Der Grundgedanke war: Der pharmazeutisch erzeugte Kalk hilft mir nicht, also werde ich einen biologisch erprobten Kalk nehmen. Na ja, und dann kam mir die Idee.«

Es kam ihm »die Idee«. Sie konnte ihm nur kommen, weil er angefangen hatte, sich für sich selbst zu interessieren und sich mit seinem Körper, dessen Krankheit und dessen Ursachen zu beschäftigen.

Der Rest dieser faszinierenden Geschichte ist schnell erzählt. Ernst Sikor, der nie studiert hatte, der kein Arzt war, kein Fachmann, sondern ein einfacher Patient, ging also daran, das Medikament einzunehmen, das er selbst gefunden hatte.
Hier sind seine eigenen Worte:
»Ich schlug rohe Eier vorsichtig auf. Den Inhalt verwendete ich in der Küche. Die Schale, und zwar gemeinsam mit dem Innenhäutchen, reinigte ich gut, ließ sie an der Luft oder in der Sonne trocknen und zerrieb sie in der Kaffeemühle zu feinem Pulver. Von diesem Pulver nahm ich täglich eine Messerspitze zusätzlich zu den handelsüblichen Kalktabletten.«
Das ist das Ende der Geschichte. Falls Sie in nächster Zeit einmal nach Wien kommen, können Sie sich mit eigenen Augen vom Ergebnis der Behandlung überzeugen. Im »Griechen-Beisl« finden sie – wenn er inzwischen nicht in Pension gegangen ist – den Pianisten Sikor bei der Ausübung seines Berufs. Er kann wieder gehen, er kann seine Finger wieder gebrauchen. Er ist ein Herr mit schütterem Haar, mit lustigen Augen, nicht gerade schlank.
Nennen Sie es Zufall, nennen Sie es ein Wunder. Ärzte mögen darüber lächeln. Für mich ist diese Geschichte ein Beispiel dafür, wie wichtig zwei Dinge in unserem Leben sind:

1. Daß wir nicht früh genug damit anfangen können, uns selbst für unseren Körper zu interessieren. Für seine Gesunderhaltung, für seine Funktionen, für die Krankheiten. Über unseren Körper informiert zu sein ist die Voraussetzung dafür, daß wir etwas für ihn tun können.
2. Daß wir uns nicht mit dem zufriedengeben sollten, was die Ärzte gegen unsere Leiden unternehmen. Wir sollten sie vielmehr als Partner sehen, mit denen wir gemeinsam an unserer Gesundheit arbeiten.

Zugegeben, die Geschichte des Ernst Sikor ist eine Ausnahme. So etwas ereignet sich nicht alle Tage. Rezepte wie seines sind Glücksfälle. Aber seine Entscheidung, alle greifbaren Bücher über seine Krankheit zu lesen und eigene Schlußfolgerungen aus seinem Wissen zu ziehen, das sollte uns ein nachahmenswerter Hinweis sein.
Lassen Sie mich diesen Abschnitt mit Sikors Worten beschließen. Auf die Frage: »Würden Sie nach der Erfahrung, die Sie gemacht haben, sagen, daß in Ihrem Fall Ärzte und pharmazeutische Industrie versagt haben?« antwortete er: »Ich würde es anders ausdrücken. Die Pharmazeuten und die Mediziner sind eben nicht so gut wie der liebe Gott, der das Ei erfunden hat.«
Nun, der liebe Gott mag das Ei erfunden haben. Aber was nützt es, wenn wir uns nicht die Mühe machen zu erkennen, wozu es gut ist?

Wie es mir gelang, als Laie einen Gallenanfall meiner Frau zu kurieren

In dieser Lektion haben Sie möglicherweise bisher nichts von dem gefunden, was Sie insgeheim suchen: ein Rezept. Die meisten Menschen, mit denen ich über die Thematik rede, sagen an dieser Stelle meistens sinngemäß: »Also gut, das alles sehe ich völlig ein, da haben Sie recht. Aber sagen Sie mir jetzt doch, was ich tun soll.«

Das ist typisch für unsere schnellebige Zeit. Wir erkennen, daß uns etwas fehlt, und sofort sehen wir uns in der Runde um, wer es uns geben könnte. Wo ist das Wunderrezept, wo sind wenigstens ein paar Tips, die einfach zu befolgen sind und schnelle Wirkung zeigen?

Die Umstellung von der Abhängigkeit von äußeren Einflüssen zur Selbsterziehung kann so nicht vollzogen werden. Dafür bedarf es zweier Voraussetzungen. Zuerst der richtigen Einstellung zu den neuen Erfordernissen, und dann der Beherrschung der Technik bei der Verwirklichung dieser Erfordernisse.

Vieles in unserem Leben bleibt deshalb unerfüllt, weil wir es zu eilig haben. Oder, um es anders auszudrücken, weil wir alles von außen heranholen möchten, statt es aus uns heraus zu entwickeln.

Sie brauchen sich nur umzusehen, überall gibt es hundertfache Beweise dafür:

- Jemand, der zu dick ist, möchte ein paar Kilo abnehmen. Was tut er? Er sieht sich nach einer Diät um, nach einer Kur, nach Tips, mit denen er alles möglichst rasch hinter sich bringen kann. Er macht eine Periode des Leidens durch, nimmt Appetitzügler, bezahlt vielleicht viel Geld dafür, daß man ihm in einem Sanatorium nichts zu essen gibt. Wenn er dann genug Kilo los ist, geht er stolz und glücklich nach Hause und fängt wieder an, alle die Fehler zu machen, die ihn dick gemacht haben.
- Jemand kommt zu der Überzeugung, er müßte jetzt endlich etwas für seine Gesundheit tun. Was macht er? Er geht in einen Kurs oder kauft sich ein Gerät zur Körperertüchtigung oder wenigstens zur Stärkung irgendeines Körperteils.

  Und wie endet es meistens? In ungezählten Wohnungen liegen oder stehen Geräte herum, von kleinen Fußrollern bis zu anspruchsvollen Zimmerfahrrädern. Gelegentlich werden sie auch benützt. Aber in den meisten Fällen war die Anschaffung solcher Geräte die einzige Aktivität des Ertüchtigungsprogramms.

- Zwei Menschen finden, daß sie einander lieben. Was tun sie? Sie heiraten und sind fest überzeugt davon, daß diese Liebe vollauf genügt, um eine Ehe über 20 oder 30 Jahre zusammenzuhalten.

Wie Sie selbst ganz genau wissen, könnte diese Liste abschreckender Beispiele seitenlang fortgesetzt werden. Sie wäre ein Dokument dafür, wie wichtig es ist, nicht nach schnellen Rezepten zu suchen, sondern unser Leben auf die richtige Harmonie von Einstellung und Technik aufzubauen. Genau darum geht es auch bei der Selbsterziehung zu einer neuen Einstellung unserem Körper gegenüber. Es geht nicht um ein paar einfache Tips für die Gesundheit. Es geht um eine ganz konkrete persönliche Entscheidung, fortan selbst alles uns Mögliche für unseren Körper zu tun:

- Um ihn gesund zu erhalten, solange er gesund ist.
- Um ihn gesund zu machen, solange wir es noch selbst mit unseren Mitteln können.
- Um es nicht einem Arzt allein zu überlassen, was er gegen unsere Krankheit unternimmt. Sondern um über unseren Körper und die Möglichkeiten zu seiner Heilung so gut informiert zu sein, daß wir als kritische Patienten und Partner der Ärzte auftreten können.

Es geht also darum, die Zusammenhänge zu erkennen, die bei allem, was wir tun, wirksam sind. Zwischen Körper und Geist und Psyche. Zwischen negativer Einstellung und Krankheit und vielem mehr. Vor allem aber geht es darum, endlich zu verstehen, daß eine Revolution, wie es die Lösung von den Erziehungs-Autoritäten nun einmal ist, daß diese individuelle Revolution eines Unterbaues bedarf. Des Unterbaues der richtigen Einstellung, der Überzeugung und der absoluten Identifikation mit dem, was man tut.

Die drei angeführten Punkte sollten nicht als Tips oder als ein Rezept aufgefaßt werden. Sie sind nicht mehr und nicht weniger als Hinweise für ein lebenslanges Programm, das jeder für sich selbst entwickeln muß.

Diese Feststellung mag Sie abschrecken. Was, fragen Sie vielleicht, ein ganzes Leben lang soll ich mich darauf festlegen? Die Antwort ist einfach: Jawohl, ein ganzes Leben lang. Wollen Sie denn nicht auch ein ganzes Leben lang gesund bleiben? Oder wollen Sie nicht auf eine Krankheit vorbereitet sein, gleichgültig, ob sie in zwei oder zwanzig Jahren kommt?

Wir sollten aus dem, was in dieser Lektion über die Schwächen unseres Gesundheitssystems gesagt wurde, praktische Konsequenzen ziehen. Die allerwichtigste Schlußfolgerung ist, daß wir selbst rechtzeitig alles uns Mögliche für unsere Gesundheit unternehmen müssen.

Was aber ist nun das »uns Mögliche«?

Mich selbst beschäftigt diese Frage seit ungefähr zehn Jahren mit ständig steigendem Interesse. Seit dieser Zeit wurde ich mir nicht nur meines Körpers, sondern auch vieler anderer für mich wichtiger Zusammen-

hänge immer mehr bewußt. Es ist – so abgedroschen es auch klingen mag – für mich zu einem aufregenden Abenteuer geworden, fast täglich Neues an mir zu entdecken.
Vieles hat sich gleichsam ganz von selbst entwickelt, nachdem ich einmal die Gleichgültigkeit meinem Körper gegenüber aufgegeben hatte. Ich sammle begierig alle für mich interessanten Informationen und studiere sie. Ich rede stundenlang mit Leuten, die davon etwas verstehen, über die Probleme der Gesundheit. Bevor ich einen Arzt aufsuche, erkundige ich mich ganz genau über ihn. Wenn ich bei ihm bin, frage ich ihn ziemlich kritisch über seine Entscheidungen aus.
Gelegentlich artet mein Interesse zu einer vielleicht etwas übertriebenen Sammlerleidenschaft aus. Erst kürzlich nagelte ich an eine Wand meines Arbeitszimmers drei Tafeln, auf denen die in der Akupunktur gebräuchlichsten Punkte am menschlichen Körper eingezeichnet waren. Nicht etwa, weil ich etwas von Akupunktur verstehe. Sondern weil es mich beim Anblick dieser Tafeln immer aufs neue fasziniert, zu sehen, welche Zusammenhänge es zwischen Punkten auf der Haut und Organen und deren Erkrankung gibt. Erst gestern erschreckte ich meine Frau mit dem Wunsch, bei uns zu Hause ein menschliches Skelett aufzustellen, weil es mich stört, so wenig über unseren Knochenbau zu wissen.
Ich habe in diesen Jahren, das sollte ich Ihnen auch noch sagen, mehr gearbeitet als jemals zuvor in meinem Leben. Das Interesse für mich und meinen Körper war also keine Frage der allzuoft gebrauchten Entschuldigung: »Für so etwas habe ich doch keine Zeit.« Auch das Argument: »Für diese Dinge bin ich einfach nicht gescheit genug« sollte niemand gelten lassen.
Manche Menschen sind so sehr von der Ehrfurcht vor der Medizin erfüllt, daß sie nicht einmal mehr die einfachsten und altbewährten Hausmittel anwenden, die heute schon wieder mancher Arzt seinen Patienten empfiehlt. In Wien beispielsweise arbeitet der Stadtrat für Gesundheitswesen, ein weltweit anerkannter Spezialist für Leukämie, an einer Broschüre für Patienten. Darin werden einfache Hausmittel wie Wickel oder Umschläge empfohlen und beschrieben. Patienten werden auf diese Weise ermutigt, sich selbst zu helfen, statt sich nur auf die Hilfe der Ärzte zu verlassen. Wenn da und dort einige fortschrittliche Ärzte dazu übergehen, ihre Patienten in geeigneten Fällen zur Selbsthilfe zu ermutigen, sollten wir uns von der Angst freimachen, die uns andere einreden möchten. Es ist in den vergangenen Jahren zu einer Art Ritual geworden, uns mit Hinweisen einzuschüchtern wie: »Beachten Sie genau die Vorschriften Ihres Arztes« oder »Ehe Sie diesen Rat befolgen, sollten Sie mit Ihrem Arzt darüber reden.« Slogans wie diese haben zu der weitverbreiteten Unselbständigkeit der Menschen beigetragen. Und zu dem mystischen Glauben, daß Ärzte

alles wissen. Glauben Sie mir: Wir selbst würden mit einigem Wissen kaum so schwere Fehler bei der Behandlung unseres Körpers machen, wie sie manchen Ärzten bei der Behandlung der Körper ihrer Patienten unterlaufen. Wenn wir uns nur einmal erst die Mühe machen, uns für unseren Körper wirklich zu interessieren, ergeben sich daraus ungeahnte Möglichkeiten.
Freilich werden wir mit solchen Bemühungen bei engstirnigen Ärzten immer wieder auf Widerstand stoßen. Einer, mit dem Sie über Ihre Krankheit ernsthaft reden möchten, kann Ihnen sagen: »Entweder tun Sie, was ich Ihnen sage, oder Sie suchen sich einen anderen Arzt.« Folgen Sie seinem Rat! Es sind *Ihr* Selbstbewußtsein und *Ihr* Körper, dem Sie damit dienlich sind.
Jemandem, der seinen Körper und seine Gesundheit ein Leben lang dem Zufall oder allein den Ärzten und Medikamenten überlassen hat, mag vieles von dem hier Gesagten ketzerisch und unglaubhaft erscheinen. Das ist durchaus verständlich. Bis vor zehn Jahren gehörte ich selbst auch zu diesen Menschen.
Seither bin ich mit zunehmender Begeisterung dabei, immer mehr Möglichkeiten der Selbsthilfe im Rahmen des mir Möglichen zu entdecken und auszuprobieren. Lassen Sie mich von zwei solchen Erfahrungen hier abschließend berichten. Als meine Frau und ich vor Jahren bei Freunden zum Abendessen eingeladen waren, entdeckte ich in einem Regal ein Buch über Akupressur. Ich hatte nicht die geringste Ahnung, worum es sich dabei handelte. Aber meine Wissensgier nach allem, was mit meinem Körper zu tun hat, ließ mich in den paar Minuten, die wir vor dem Essen noch herumstanden, in diesem Buch blättern.
Akupressur, so erfuhr ich, ist eine von den alten Chinesen häufig angewandte Methode zur Selbstheilung einer Reihe von Beschwerden. Die Methode besteht darin, daß man an genau vorgeschriebenen Punkten des Körpers mit dem Finger drückt. Ich kaufte mir am darauffolgenden Tag das Buch und studierte es. Als einige Zeit später unser jüngster Sohn Nasenbluten bekam, das durch alle uns bekannten Hausmittel nicht gestillt werden konnte, wandte ich eine Technik aus dem Akupressur-Buch an. Dabei muß man an einem Punkt unterhalb des Brustbeins mit dem Finger sieben Sekunden lang drücken. Es wirkte. Seither macht es meinem Sohn riesigen Spaß, auf diese Weise das bei Kindern häufig auftretende Nasenbluten selbst zu stillen.
Wie gesagt, ich stieß durch reinen Zufall auf das Buch. Andere Hinweise kamen von Freunden, aus Zeitungen oder Zeitschriften oder aus dem Literaturverzeichnis gelesener Bücher. Heute stehen die bekanntesten Veröffentlichungen über Akupressur bei mir im Regal. Veröffentlichungen, die jedermann in jeder Buchhandlung kaufen oder bestellen kann. Natür-

lich haben sich im Laufe der Jahre auch einige Dutzend andere Bücher bei mir angesammelt, in denen ich ständig herumschmökere. Da steht etwa ein zweibändiges »Lexikon der Naturheilkunde«, in dem ich immer wieder neue Hinweise entdecke. Auch ein dünnes Büchlein über die Heilfasten-Philosophie des berühmten Arztes Franz Xaver Mayr findet sich da. Oder ein schon recht abgegriffenes »Lehrbuch der Neuraltherapie«.
Diese Neuraltherapie ist für mich überhaupt eines der interessantesten Dinge aus dem hier beschriebenen Bereich. Ich kann mich damit deshalb so eingehend beschäftigen, weil ich das Glück habe, die Unterstützung einiger befreundeter Ärzte zu haben. Wenngleich ich hinzufügen muß, daß sie meine praktischen Aktivitäten auf diesem Gebiet mit dem üblichen Mißtrauen beobachten, das ihrem Berufsstand eigen ist, wenn blutige Laien ihnen »ins Handwerk pfuschen«. Es kann durchaus sein, daß sie darauf warten, bis mir einmal ein Fehler unterläuft und sie dann sagen können: »Das hast du jetzt davon.«
Hier nur ein paar Hinweise, welche Erfahrungen ich mit der Neuraltherapie machte.

- Ich injizierte das in der Neuraltherapie verwendete Impletol oder Prokain gemäß einer Anleitung im »Lehrbuch für Neuraltherapie« rund um eine zehn Zentimeter lange Narbe an meinem linken Knie. Nach zweimaliger Wiederholung dieser Prozedur waren die Schmerzen wie weggeblasen, die ich seit 30 Jahren bei härterer Beanspruchung meines Kniegelenks immer gehabt hatte.
- Während eines Urlaubs lebte ich mit meiner Familie ein paar Wochen lang auf unserem Bauernhof im hintersten Winkel des Burgenlandes. Ohne Telefon, nahe den Stacheldrahtzäunen an der ungarischen Grenze, weit weg vom nächsten Arzt. Eines Nachts weckte mich meine Frau. Sie war schweißüberströmt und krümmte sich vor Schmerzen.
  Ich holte das genannte Lehrbuch sowie Injektionsspritze und Prokain aus meiner Reisetasche und versuchte, das mir Mögliche für meine Frau zu tun, die fest davon überzeugt war, an einer Gallenkolik zu leiden.
  Ich wußte, daß im »Lehrbuch für Neuraltherapie« auf einer Zeichnung genau die Punkte über dem rechten Auge, oberhalb des Schlüsselbeins und auf dem Rücken angegeben sind, die für Leber und Galle »zuständig« sind. Ich tastete am Körper meiner Frau alle diese Punkte ab und stellte fest, daß sie ohne Ausnahme druckempfindlich waren. Überall dort setzte ich, wie es in der Neuraltherapie heißt, sogenannte »Quaddeln«. Das heißt, ich spritzte kleine Mengen Prokain unter die Haut. Die Krämpfe hörten fast augenblicklich auf und sind bis zum heutigen Tag nicht wiedergekehrt, nachdem ich zwei Tage später den Vorgang wiederholt hatte.

Ich gebe gern zu, daß diese Schilderung in manchen Punkten abenteuerlich klingt. Als ich meinen Ärzte-Freunden später davon erzählte, nickten sie zwar ernsthaft und schweigend, aber ich konnte mir gut vorstellen, was sie mir aus reiner Höflichkeit nicht offen ins Gesicht sagten.
Wie gesagt, heute mag das alles ein wenig abenteuerlich klingen. Aber in Augenblicken, in denen man meint, man müßte vor Schmerzen verrückt werden, oder wenn man sieht, wie ein anderer leidet, in solchen Augenblicken denkt man anders. Man fragt sich: Was kann ich bloß tun? Wie kann ich helfen? Manchmal sagt man sich auch voll Zorn: Warum habe ich mich nicht früher darüber informiert, was man in solchen Fällen tun kann? Mir selbst jedenfalls erging es oft so, ehe ich beschloß, mich nie mehr wider besseres Wissen zur Hilflosigkeit zu verurteilen. Ich weiß heute ganz bestimmt erst einen Bruchteil von dem, was wir, was jeder einzelne von uns, für seinen Körper, für seine Gesundheit und gegen eine ganze Anzahl von Erkrankungen tun können. Einige wenige dieser Möglichkeiten habe ich für mich bereits gefunden und vielfach auch erprobt. Jede einzelne Erfahrung ist eine Ermunterung für mich, immer weitere Möglichkeiten der Selbsthilfe für meine Gesundheit und gegen meine Krankheiten zu entdecken.

Wenn Sie die vorangegangenen Seiten aufmerksam gelesen haben, sollten Sie jetzt davon überzeugt sein, daß wir unseren Körper nicht ungestraft unbegrenzt mißhandeln dürfen.
Es sollte kein Zweifel mehr für Sie bestehen, daß wir der Medizin und den Ärzten nicht mehr zutrauen sollten, als sie zu leisten imstande sind. Sicher ist, daß die Ärzte davon leben, daß wir krank sind. Was liegt also näher, daß wir selbst uns mit allen uns zur Verfügung stehenden Möglichkeiten bemühen müssen, gesund zu bleiben.
Zu dieser Einstellung zu gelangen ist der allererste Schritt der Beschäftigung mit unserem Körper. Diese Beschäftigung sollte nicht in der Befolgung einiger oberflächlicher Ratschläge bestehen, sondern in einem lebenslangen Programm mit folgenden drei Punkten:

1. Alles selbst zu tun, um möglichst lange gesund zu bleiben.
2. Alles uns Mögliche zu tun, um uns gesund zu machen.
3. Uns genug Wissen anzueignen, um gemeinsam mit einem Arzt eine Krankheit bekämpfen zu können.

Wie bei jedem anderen Vorgang der Selbsterziehung, bei dem uns der Druck äußerer Autorität fehlt, bedarf es auch hier anfänglicher Beharrlichkeit. Bis Interesse, Identifikation und erste Erfolge uns fast automatisch zum Weitermachen ermuntern. Weitermachen aber heißt: eigene Erfahrungen sammeln.

Sechste Lektion

Es gibt für die richtige Beziehung des Menschen zu seinem Körper keine Wunderrezepte, die für jeden gelten. Aber jeder kann selbst das richtige Rezept für sich finden. Wenn er danach lebt, wenn seine Gesundheit und sein gesamtes Gleichgewicht davon profitieren, wenn sein Selbstbewußtsein steigt und sein Leben sich verändert, dann kann es durchaus sein, daß Dinge passieren, die uns wie Wunder erscheinen.
In dieser Lektion soll die Einstellung zu unserem Körper weiter vertieft werden. Es gibt eine Vielzahl von Hinweisen und Anregungen, sich bewußt mit Zusammenhängen zu beschäftigen, die man bisher vielleicht überhaupt nicht zur Kenntnis genommen hat. Darüber hinaus finden Sie folgende fünf Anregungen:

1. Die Grundlage richtiger Ernährung.
2. Was Sie über die Verdauung wissen sollten.
3. Die Folgen von Rauchen, übermäßigem Alkoholgenuß und Medikamentenmißbrauch.
4. Die Notwendigkeit, von Zeit zu Zeit zu fasten.
5. Fünf einfache Lebensgewohnheiten, mit denen Sie bessere Vorsorgemedizin betreiben können.

Warum Sie für Ihren Körper erst etwas tun können, wenn Sie sich seiner bewußt geworden sind

Ich mache, wie bereits erwähnt, seit vielen Jahren jeden Morgen autogenes Training. Es ist Bestandteil eines täglichen Rituals, zu dem gymnastische Übungen, Atemtraining, das Einüben von Griffen und Schlägen einer fernöstlichen Kampftechnik und Pistolenschießen gehören.

Immer wieder erlebe ich dabei erstaunliche Dinge, die mir Zusammenhänge zwischen Psyche, Geist und Körper bewußt machen. Als ich mir beispielsweise heute früh beim autogenen Training vorstellte, daß mein Mund, meine Nase und mein ganzes Gesicht völlig entspannt sind, da spürte ich deutlich, wie sich tatsächlich sofort die Spannung in meinem Gesicht löste.

Während dieses Vorgangs fiel mir erst richtig auf, wie angespannt mein Gesicht bis zu diesem Zeitpunkt des Trainings eigentlich gewesen war. Schließlich wurde mir in diesen Sekunden auch bewußt, was es bedeutet, nur durch die Vorstellung »mein Gesicht ist völlig entspannt« die gewünschte Wirkung tatsächlich auslösen zu können.

Was heißt das? Es heißt, daß wir durch regelmäßiges Training den Körper über den Geist und die Psyche beeinflussen können. Eine Vorstufe dazu ist, so glaube ich, daß wir unseren Körper immer besser kennenlernen und uns seiner immer mehr bewußt werden. Genauso, wie wir uns durch die in der ersten Lektion beschriebene Entspannungsübung des Atmens bewußt geworden sind. Durch das Zählen der Atemzüge, durch das Verfolgen des Atems, wie er sich bis hinunter in die Bauchgegend senkt, dort ein paar Augenblicke lang festgehalten und schließlich wieder ausgestoßen wird. Genauso sollten wir uns Schritt für Schritt des ganzen Körpers und seiner vielfältigen Funktionen bewußt werden.

Wir nehmen den Körper meistens nur zur Kenntnis, wenn er uns Schmerzen bereitet. Diese Schmerzen treffen uns dann völlig unvorbereitet. Wir haben Angst davor. Aber statt dieser Angst rechtzeitig zu begegnen, indem wir die erforderlichen Sicherheitsvorkehrungen treffen, versuchen wir, Angst, Schmerz und die ersten Anzeichen einer Erkrankung vorerst einmal zu verdrängen.

Wir alle kennen den typischen Fall, wenn sich die ersten Anzeichen von Zahnweh bemerkbar machen. Wir hoffen, daß es nicht so schlimm sein wird und daß die Schmerzen von selbst wieder vergehen. Wir betrachten den ersten Schmerz nicht als eine nützliche Warnung, sondern als eine Belästigung, der wir auszuweichen versuchen, solange es irgend möglich

ist. Wir tun das, obwohl wir wirklich schon längst die Erfahrung gemacht haben müßten, daß es kein Entrinnen gibt.
Uns ist die Funktion des Schmerzes als nützliches und natürliches Warnsignal nicht bewußt. Als Signal, daß keineswegs eine Panik auslösen soll, sondern eine Kette bewußter Reaktionen, die vorher für diesen Ernstfall festgelegt wurden:

1. Da ist ein Schmerz in meinem Gebiß, den ich nicht verdränge, sondern auf den ich sofort reagieren werde. Jetzt, bei den ersten Anzeichen, ist die Ursache dieses Warnsignals vermutlich noch einfach zu beheben. Deshalb will ich keinen Tag länger warten, um dagegen etwas zu unternehmen.
2. Ich untersuche, so gut ich kann, wo der Ort des Schmerzes ist. Ich taste die Stelle ab, ich beschaffe mir, wenn es notwendig ist, Informationen. Ehe ich zum Arzt gehe, möchte ich selbst möglichst viel über den Schmerz, das vermutlich davon betroffene Organ und die mögliche Erkrankung wissen, um mit dem Arzt darüber reden zu können.
3. Ich bin mir vollkommen darüber im klaren, daß es keine Lösung darstellen würde, den Schmerz zu betäuben und zu glauben, daß das schon eine Heilung sei. Wenn ich ein schmerzstillendes Mittel einnehme, dann nur, um auf dem schnellsten Weg zum Arzt nicht allzusehr leiden zu müssen.

Wenn ich mir auf solche oder ähnliche Art Vorgänge bewußt gemacht und mich auf möglicherweise eintretende Warnsignale vorbereitet habe, kann ich ohne Angst und Panik reagieren. Statt den Schmerz zu verdrängen, interessiere ich mich für ihn und die Maßnahmen, die zu seiner Beseitigung erforderlich sind. Ich interessiere mich darüber hinaus auch für jene Bereiche meines Körpers, die mit dem Schmerz in Zusammenhang stehen. Ich sammle Wissen und Erfahrungen. Vielleicht ist durch die oftmalige Wiederholung dieser Vorgangsweise bald meine Neugierde so angeregt, daß ich mich auch mit den Möglichkeiten der Heilung für auftretende Schmerzen und Leiden beschäftige.
Erinnern Sie sich? So ähnlich erging es auch dem erkrankten Wiener Pianisten Ernst Sikor. Mit der einen Ausnahme allerdings, daß er erst damit begann, sich seine Krankheit und deren Heilmöglichkeiten bewußt zu machen, als die Angst um sein Leben ihn dazu trieb.
Bewußt leben, so können wir aus dem bisher Gesagten schließen, ist kein kurzfristiger Vorgang, dessen wir uns erst in höchster Not erinnern sollten. Oder den wir nur praktizieren, wenn ein Anstoß von außen uns dazu veranlaßt. Bewußt leben bedeutet vielmehr, daß wir uns dazu erziehen, das Bewußtsein für das Geschehen in uns ständig auf »Aufnahme« ge-

schaltet zu haben. Und daß wir uns für die von Zeit zu Zeit auftretenden Alarmfälle vorbereitet haben.
Hier ist naturgemäß ständig von der Bewußtmachung des Körpers die Rede. Wir dürfen jedoch nicht vergessen, daß er nur ein Teilbereich in unserer Selbsterziehung zum besseren Verständnis der eigenen Persönlichkeit ist. Wir sollten überhaupt aufhören, unser Leben in voneinander unabhängige Bestandteile zu zergliedern, auf die wir immer nur reagieren, wenn sie sich in höchster Gefahr befinden. Wir sollten uns vor Augen halten, daß nichts unabhängig von den übrigen Bestandteilen unseres Lebens bestehen kann.
Nehmen wir als Beispiel einen relativ einfachen Zusammenhang, der ohne besondere medizinische Kenntnisse einsehbar ist. Wenn wir täglich vor offenem Fenster zehn oder zwanzig bewußt gesteuerte Atemzüge machen, dann wird sich dadurch nach einiger Zeit unser Brustkorb stärken. Die Lunge, die Bronchien und andere Organe werden beeinflußt. Außerdem bringt die Atmung mehr Sauerstoff ins Gehirn und regt dort unsere Denkfähigkeit, also un-körperliche Vorgänge an. Durch die größere geistige Regsamkeit mögen Ideen entstehen, die wir – von der Phantasie beflügelt – verwirklichen möchten. Vielleicht tun wir es auch und schöpfen daraus neues Selbstvertrauen für weitere Ideen und Aktionen. Und alles das begann mit der Entscheidung, täglich Atemübungen zu machen. Wenn wir uns in weiterer Folge solche Vorgänge bewußt machen, sie an uns selbst studieren und daraus Konsequenzen ziehen, bewirkt das wieder neue Veränderungen. Wir wissen jetzt, um bei unserem Beispiel zu bleiben, was alles durch unsere Übung bewirkt wird.
Dieses Bewußtsein hilft uns vermutlich, den täglichen Kampf gegen die Trägheit besser zu bestehen. Sie wissen ja, wie das ist, wenn die Versuchung an uns herantritt. Wir denken dann: »Brauche ich das wirklich? Ist es tatsächlich so notwendig, wie ich es mir einbilde?« Jetzt wissen wir, daß diese Übung nicht nur für den Brustkasten, für verschiedene Organe und die Muskulatur gut ist, sondern auch für unseren Geist. Je mehr Argumente wir haben, um so leichter können wir der Trägheit widerstehen.
Je öfter wir den Bewußtmachungs-Vorgang praktizieren, um so erstaunlichere Beobachtungen werden wir machen. Um so mehr bisher völlig unbeachtliche Erscheinungen an uns selbst werden uns auffallen. Fangen Sie möglichst sofort damit an. Wenn Sie darin die erforderliche Ausdauer beweisen, werden Sie staunen, welche Wunder sich an Ihnen vollziehen.

Haben Sie schon einmal darüber nachgedacht, was Sie von Ihrem Körper erwarten?

Wenn diese Frage Sie erstaunt, ist es vermutlich ein Beweis für Ihr gestörtes Verhältnis zu Ihrem Körper. Wenn Sie nicht wissen, was Sie von Ihrem Körper erwarten, wie sollen Sie dann die Aufgaben einüben und stärken, die der Körper für Sie erfüllen soll?

Das klingt einleuchtend, meinen Sie nicht auch?

Das allerdings heißt noch lange nicht, daß wir auch tun, was so selbstverständlich klingt.

Die meisten Menschen haben im Leben nur kurzfristige Ziele, warum sollten sie sich da ihrem Körper gegenüber anders verhalten?

Weil wir keine ganz klaren Vorstellungen davon haben, was wir von unserem Körper erwarten können, muten wir ihm oft zu viel zu. Wir überlasten ihn und wundern uns, daß er uns im Stich läßt. Oder wir verlangen von unserem Körper längere Zeit hindurch viel weniger, als er leisten könnte. Und durch diese permanente Unterbelastung verkümmern Kräfte, die uns nützen könnten.

Sehr häufig tritt der Fall ein, daß wir nach einer langen Periode der Unterbelastung plötzlich einer starken Belastung ausgesetzt sind, die den Körper nun doppelt beansprucht. Einerseits soll er die fehlende Kondition ausgleichen, andererseits soll er einer überdurchschnittlichen Zusatzbelastung standhalten.

Jeder von uns müßte solche Zusammenhänge kennen und sein Leben danach einrichten. Aber wer tut das schon? Sie wundern sich nur, wenn durch dauernden Streß Leiden auftreten, von denen man nicht genau weiß, woher sie kommen. Meistens treten sie nämlich gar nicht dort auf, wo ihre Ursache liegt. Oft liegt die Ursache bereits Jahre zurück und macht sich erst jetzt als Erkrankung bemerkbar.

Erst vor wenigen Tagen hörte ich von einem solchen Fall. Ein bekannter ehemaliger Fußballspieler und Trainer bei führenden europäischen Mannschaften mußte vor etwa 14 Monaten feststellen, daß sich in seinen Beinen Lähmungserscheinungen bemerkbar machten. Er ging zu allen möglichen Ärzten, die alle die Ursache des Leidens dort suchten, wo es auftrat. Aber keiner von ihnen konnte dem ehemaligen Fußballstar helfen. Bis man ihm vergangene Woche sechs Zähne zog und seinen Kiefer von Entzündungen befreite.

Die Zähne waren teilweise vereitert. Während der Operation, so erzählte der Arzt, drang ein entsetzlicher Gestank aus den Wunden. Große Teile

des Kiefers waren durch die jahrelang wuchernden Entzündungen bereits zersetzt. Jedermann kann sich vorstellen, was es bedeutet, wenn aus solchen Störfeldern ständig Giftstoffe in das Blut und in den gesamten Körper gelangen.
Dieses Gift aus den Störfeldern im Kiefer machte sich schließlich dort bemerkbar, wo ein Fußballspieler die Wunden seiner Karriere trägt – an den getretenen, geschundenen, oftmals verletzten Beinen. An diesen Beinen trat in Erscheinung, was vierzig Jahre lang Zahnärzte versäumt oder falsch gemacht hatten, indem sie Wurzelkanäle nur teilweise füllten, Wurzelreste zurückließen oder auf ähnliche Weise Entzündungsherde verursachten oder nicht entschärften, die wie Zeitzünder wirkten.
Ich weiß zum jetzigen Zeitpunkt nicht, ob die Gruppe von Ärzten, die sich schließlich des Trainers annahm, Erfolg haben wird. Tatsache ist, daß er eine Woche nach der erwähnten Zahnherd-Beseitigung zum erstenmal seit langer Zeit wieder den rechten Fuß bewegen konnte.
Zugegeben, dieses Beispiel gehört zu den extremen Fällen der Vernachlässigung unseres Körpers – durch den Betroffenen und durch die, auf die er blind vertraute, als es um die Beseitigung seines Leidens ging. Deshalb ist dieses Beispiel, so hoffe ich, dazu angetan, Sie aus einer weitverbreiteten Arglosigkeit aufzuschrecken, die damit beginnt, daß wir uns nicht darum kümmern, was unser Körper braucht, was wir von ihm verlangen und was wir erwarten dürfen.
Lassen Sie uns also auf die Frage zurückkommen, um die es in diesem Abschnitt geht: »Was erwarten Sie von Ihrem Körper?«
Ich selbst habe dazu für mich folgende Vorstellungen in meinem »Lebensbuch« stehen:

1. Langfristige Gesundheit.
   Ich werde alles mir Mögliche tun, um gesund zu bleiben und um bei Krankheit möglichst schnell und umfassend wieder geheilt zu werden.
2. Beweglichkeit.
   Ich möchte bei allem, was mir Spaß macht, nicht unter der Unbeweglichkeit meines Körpers leiden.
3. Ausdauer.
   Ich will nicht auf etwas, das ich erreichen möchte, nur deshalb verzichten müssen, weil mein Körper nicht auf die größtmögliche Belastbarkeit vorbereitet ist.
4. Kraft.
   Weil ich gelegentlich Freude an ausgefallenen Aktivitäten habe, die überdurchschnittliche Kraft erfordern, möchte ich auch darauf vorbereitet sein.

Wie gesagt, das sind meine ganz persönlichen Wünsche. Sie beziehen sich auf meine individuellen Lebensvorstellungen. Ich betone das, weil Sie, der Sie diese Zeilen lesen, vielleicht im Gegensatz zu mir keineswegs Spaß daran haben, einmal im Jahr mit dem Schlafsack und einem Minimum an Nahrungsmitteln auf einsamen Felshängen herumzuwandern. Oder das Gras rund um unseren Bauernhof mit der Sense zu mähen, statt mit einem selbsttätigen Rasenmäher. Vermutlich haben Sie auch nicht, wie ich, das dringende Bedürfnis, gelegentlich eine Stunde lang über Stock und Stein durch den Wald zu hetzen. Ganz einfach, weil für mich Bewegung ein Ausdruck von Freiheit ist.

Das alles möchte ich tun und noch einiges mehr. Ganz abgesehen davon, daß alle diese meine Zielsetzungen, ihre Erlangung und ihre Erhaltung ganz wesentlich zu meiner allgemeinen Harmonie und Gesundheit beitragen.

Im Verlauf dieses Buches werden wir noch mehrmals auf diese Frage zurückkommen. Etwa dann, wenn wir uns damit beschäftigen, wie wir uns an jedem Morgen auf die Erfordernisse des Tages am besten vorbereiten können.

Was Sie jetzt tun sollten, möglichst noch, ehe Sie weiterblättern, ist folgendes: Nehmen Sie ein Blatt Papier und einen Bleistift oder Kugelschreiber und notieren Sie sich alles, was Ihnen zu der Frage einfällt: »Welche Eigenschaften erwarte ich von meinem Körper, damit er allen meinen Ansprüchen gerecht werden kann?«

Schreiben Sie auf, was Ihnen einfällt. Auch unzusammenhängende Einfälle. Beschäftigen Sie sich nicht bloß ganz schnell eine Viertelstunde lang mit dieser Aufgabe, sondern länger. Es können Tage sein. Nicht eine Leistung ist wichtig. Nicht hochgesteckte, konstruierte Ziele. Wichtig ist, daß Sie einen Schritt weiter im Verständnis für Ihren Körper und seine Erfordernisse machen.

Fünf Anregungen, die das Leben des Reichskanzlers Otto von Bismarck um 18 Jahre verlängerten

Auf den folgenden Seiten finden Sie fünf Anregungen, die Sie in Ihre Lebensgewohnheiten einbeziehen können. Tun Sie es, wenn Sie das eine oder andere des hier Erwähnten für geeignet erachten. Nichts in diesem Buch ist die einzige und alleinseligmachende Wahrheit, aber alles soll – wie ich betonen möchte – dazu dienen, Sie zur Selbsthilfe zu ermuntern. Diese Selbsthilfe beginnt bereits beim Nachdenken über sich selbst.
Worum es hier geht, das sind einige Hinweise zur Gesunderhaltung unseres Körpers. Hinweise, von denen jeder ohne besondere Ausbildung und ohne die Unterstützung eines Fachmannes Gebrauch machen kann. Vieles klingt ungewohnt hausbacken und einfach. Ungewohnt deshalb, weil heutzutage kaum etwas wirklich ernstgenommen wird, was sich jahrhundertelang bewährt hat. Heute muß alles modern sein, neu, wissenschaftlich, technisch oder sonstwie kompliziert.
»Was nicht von einem wirklich anerkannten Arzt kommt, ist nicht gut genug für mich«, so oder ähnlich denken wir. Wenn der legendäre deutsche Reichskanzler Otto von Bismarck auch so gedacht hätte, wäre er wahrscheinlich 18 Jahre früher gestorben. Um das Jahr 1880 hatten ihn nämlich all die berühmten Ärzte, die ihn behandelten, schon aufgegeben. Krebs, lautete ihr Urteil. Der Kanzler würde gerade noch ein paar Monate am Leben sein, sagten sie.
Wenn Sie die folgenden fünf Anregungen lesen, werden Sie eine Vorstellung davon gewinnen, warum diese berühmten Ärzte irrten und einer recht behielt, der keinen akademischen Titel besaß. Damit soll kein Akademiker in seiner Ehre angegriffen werden. Allerdings kann es nicht schaden, wenn dieses Beispiel dazu anregt, die Weisheiten des Lebens nicht allein von denen zu erwarten, die sich dazu berufen fühlen.
Lesen Sie also, bitte, auf den folgenden Seiten die fünf Anregungen, deren Beachtung Ihnen vielleicht auch ein paar Jahre Ihres Lebens schenkt.

Erste Anregung: Wie wir unseren Körper ernähren sollten, damit er möglichst lange gesund bleibt

Es gibt zahllose Auffassungen und Theorien über richtige Ernährung. Wollten wir der Frage auf den Grund gehen, welche die einzig wahre sei,

wären wir immer noch auf der Suche, obwohl unser Körper schon längst unter den Auswirkungen falscher Ernährung zu leiden hat. Jede der mit Überzeugung vertretenen Auffassungen wird für die richtige ausgegeben, auch dann, wenn sie inzwischen längst von anderen widerlegt worden ist.
Das ist verständlich. Denn mit der Ernährung ist es so wie mit der Medizin. Wenn beispielsweise heute die Verfechter der biologisch reinen Nahrung sagen, es sei gesünder, die Äcker nicht mit Kunstdünger und anderen chemischen Mitteln zu behandeln, dann rührt das natürlich an die Interessen einer Milliardenindustrie, die diese chemischen Mittel erzeugt.
Diese Industrie setzt als Gegenreaktion sofort scharenweise Wissenschaftler in Trab, die beweisen sollen, wie ungefährlich chemische Mittel aus ihrer Produktion für die Äcker und die dort wachsenden Nahrungsmittel sind. Diese Argumente werden wissenschaftlich untermauert. Vermutlich stammen sie von den besten oder wenigstens von den namhaftesten Fachleuten an den bekanntesten Universitäten. Es braucht nicht erwähnt zu werden, daß Gutachten dieser Art gut bezahlt werden.
Und wir, die wir zwischen den Meinungen und Theorien der Wissenschaftler, der Industrie und sonstiger Interessenten stehen, was sollen wir tun? Wem sollen wir glauben? Wenn wir es recht überlegen, bleibt uns doch nur die eine Möglichkeit: Wir glauben nur an uns selbst. Wir informieren uns, so gut es uns möglich ist. Wir bilden uns unser eigenes Urteil. Wir machen unsere eigenen Erfahrungen. Oder, um es im Sinne unserer Selbsterziehungs-Philosophie auszudrücken, wir erziehen uns dazu, selbst herauszufinden, was für uns richtig ist, und machen unsere eigenen kritischen Erfahrungen.
Uns sind bei der Beurteilung der Fragen, die hier zur Diskussion stehen, die natürlichen Fähigkeiten weitgehend verlorengegangen. Zumindest sind sie verkümmert. Wir finden nicht mehr instinktiv das, was unser Körper tatsächlich braucht. Unser animalischer Instinkt dafür ist längst verdorben worden. Wir essen beispielsweise die Produkte aus dem mit chemischen Mitteln präparierten Mehl. Die Mehlwürmer fressen dieses Mehl nicht. Wenn unser natürlicher Instinkt noch intakt wäre, könnte die einfache Ernährungsregel lauten: Iß, was dir schmeckt; iß nur dann, wenn du Hunger hast und iß nur so viel, wie du magst. Aber das Essen und die natürliche Eßkultur sind im Laufe der Zeit völlig durcheinandergeraten. Ein Beispiel dafür ist der gebleichte Zucker, den die meisten Menschen täglich zu sich nehmen.
Vor ein paar Jahren gab es über Nutzen oder Schädlichkeit dieses Zuckers ein großangelegtes »Hearing« vor einem Senatsausschuß in Washington. Dabei traten einige der besten Fachleute aus aller Welt auf und gaben ihre

Erfahrungen mit diesem Zucker und Ergebnisse der Erforschung seiner Auswirkungen auf den Menschen zum besten.
Die Lektüre der Ergebnisse dieses »Hearings« war für mich so beeindruckend, daß ich seither keinen gebleichten Zucker mehr esse. Ich nehme nur mehr Honig in meinen Tee. Zugegeben, das ist meine ganz persönliche Entscheidung. Denn ich habe seither auch manches Zeitungsinserat und gelegentlich auch wissenschaftliche Abhandlungen gelesen, in denen auf die Ungefährlichkeit des gebleichten Zuckers hingewiesen wurde.
Ich glaube aber weiterhin den Ausführungen einiger Fachleute beim »Hearing« von Washington. Da wurde gesagt, daß jahrzehntelange Untersuchungen in einigen Teilen der Welt gezeigt hätten, daß dieser gebleichte Zucker vorwiegend gesellschaftspolitische Bedeutung habe. Als die einfachen Zuckerrohrarbeiter noch nicht genug verdienten, um sich gewisse Luxusnahrungsmittel leisten zu können, sogen sie die Süßigkeit aus dem Rohr. Neidisch aber schielten sie auf die besser verdienenden Leute, die sich sozusagen als Statussymbol den schönen weißen Zucker kaufen konnten.
Später dann ging es den Arbeitern besser. Was taten sie? Sie aßen, natürlich neben manchen anderen einen gehobenen Status repräsentierenden Genußmitteln, weißen Zucker.
Von diesem Zeitpunkt an, so registrierten die Forscher, stellte sich bei diesen Menschen eine Reihe von Erkrankungen und Entzugserscheinungen ein. Die Liste reicht von verminderter Sehfähigkeit bis zu Schädigungen des Herzens.
Dieses einfache Beispiel ist bis heute für mich und meine Einstellung zur Ernährung beispielhaft. Ich richte mich danach. Der Journalist Dr. Peter Schmidsberger, einer der seriösesten Kritiker unserer Lebensweise und der gegenwärtigen Gesundheitspolitik, erklärte vor einiger Zeit folgendes:
»Einem Bauern würde nicht einfallen, seinen Tieren minderwertiges Futter hinzuwerfen. Den Tieren würde auch gar nicht einfallen, minderwertiges Futter zu fressen. Wir Menschen allerdings nehmen nahezu wahllos Nahrung auf, die unserem Organismus als Betriebsstoff überhaupt nichts nützt. Im Gegenteil, vielfach schadet sie sogar. Außerdem erfüllt sie nicht die Funktion, den Verschleiß in unserem Organismus vollwertig zu ersetzen.«
Wir sollten deshalb, so Dr. Schmidsberger, bei unserer Ernährung beachten:

1. Mindestens ein Drittel dessen, was wir täglich zu uns nehmen, sollte roh sein. Also rohe Milch, rohes Gemüse, Salate, Obst und ähnliches mehr.

2. Der übrige Teil sollte möglichst wenig verfeinert oder veredelt sein. Was ja nichts anderes bedeutet, als daß die natürliche Zusammensetzung verändert wurde, wie es bei gebleichtem Zucker, ausgemahlenem Mehl und Konservennahrung der Fall ist.

Das, wie gesagt, ist eine von zahllosen Auffassungen über richtige Ernährung. Es kann durchaus sein, daß Sie selbst bei Ihrem Studium des Problems auf andere Informationen stoßen, die Ihnen plausibler erscheinen. Überprüfen Sie sie. Probieren Sie sie aus. Und tun Sie dann das, was Ihnen richtig erscheint.
Sie mögen sich dabei irren und auf Grund neuer Erfahrungen Ihre Meinung ändern. Davor aber sollten Sie keine Angst haben. Denn glauben Sie mir: Solche Irrtümer oder Irreführungen, wie sie auf dem Gebiet der Ernährung anderen ununterbrochen uns gegenüber unterlaufen, können uns selbst niemals passieren. Vorausgesetzt natürlich, wir nehmen das hier angeschnittene Problem ernst.

Zweite Anregung:
Wie wir dafür sorgen sollten, daß die Nahrung richtig verdaut wird

Die Verdauung beginnt im Mund. Eine Tatsache, die von den meisten Menschen heute überhaupt nicht mehr beachtet wird. Grund genug, uns diese einfache Erkenntnis bei der Selbsterziehung zu gesünderem Leben wieder ins Gedächtnis zu rufen.
Es werden heute Vermögen für schöne Zähne, neue Gebisse, für Kariesbekämpfung, für Mundwässer, elektrische Zahnbürsten und immer noch bessere Zahnpasten ausgegeben. Gar nicht zu reden von dem Geld, das die Werbung dafür kostet. Aber wer propagiert mit Millionenaufwand, daß wir die Nahrung besser kauen, daß wir uns beim Essen Zeit lassen und jeden Bissen mit genügend Speichel durchsetzen sollten, ehe wir ihn schlucken? Niemand sagt uns das über die Medien. Verständlicherweise. Welche Industrie sollte davon auch einen Gewinn ziehen? Keine. Deshalb bleibt uns nichts anderes übrig, als uns selbst mit den Zusammenhängen zwischen Essen und Verdauung zu beschäftigen.
Die richtige Bearbeitung jedes Bissens im Mund bedeutet, daß wir dem Darm die Arbeit wesentlich erleichtern. Darüber hinaus tritt durch gründliches Kauen früher eine Sättigung ein. Wir essen nicht mehr so viel und beeinflussen auf diese Weise die Regulierung unseres Gewichts. Richtiges Kauen erleichtert also die richtige Verdauung, erhöht den bewußten Genuß der Nahrungsmittel und erzieht uns zu bewußterem Es-

sen und schließlich auch zur richtigen Auswahl der Speisen. Das ist ein entscheidender Faktor in dieser hektischen Zeit, in der für viele Menschen die Nahrungsaufnahme zu einem Prestigefaktor geworden ist. Was viele Menschen in der ersten Phase des Ernährungsprozesses versäumen, ist sehr oft später unter größten Anstrengungen nicht mehr gutzumachen. Nicht durch hektische Abmagerungskuren, die das Körpergewicht vorübergehend verringern, und nicht nur Organe, sondern auch die Psyche schwer belasten. Um ein Versäumnis gutzumachen, werden weitere Schädigungen hervorgerufen.

Vielleicht sagen Sie jetzt: »Gründlich kauen, entspannt essen, alles das klingt recht schön. Aber ich habe ja doch keine Zeit, auf solche Dinge Rücksicht zu nehmen.« Ich kenne diese Ausrede. Ich habe sie selbst jahrelang gebraucht. Nicht ohne einen gewissen Stolz, denn es klingt bedeutend, wenn man sagt: »Meistens habe ich vor lauter Arbeit gar keine Zeit zum Essen.« Oder: »Oft bleibt mir nur eine Viertelstunde, um schnell ein paar Bissen hinunterzuschlingen.« Heute ist es mir rätselhaft, wie ich mit dem Mißbrauch meines Verdauungsapparates auch noch angeben konnte.

Wir essen zuviel, wir essen falsch, wir kauen nicht genügend. Wenn uns der Organismus dann signalisiert, daß wir ihn bis zur Gefahrengrenze belastet haben, dann ignorieren wir diese Zeichen. Wir schlucken Tabletten zur Verdauungsförderung und gegen Verstopfung. Wenn uns das Abhilfe verschafft, meinen wir, es ginge immer so weiter.

Es mag fünf oder zehn oder fünfzehn Jahre dauern, bis wir so unseren Darm kaputtgemacht haben. Dann nützt es nichts mehr, wenn wir uns selbst nachträglich bedauern.

Das sollten wir überlegen, wenn wir unsere Eßgewohnheiten neu überdenken. Sie neu zu überdenken, uns die zur schlechten Routine gewordenen Vorgänge bewußt zu machen, das sollte der Anfang sein. Wir sollten auch erkennen, daß richtige Eßgewohnheiten nichts kosten außer der Entscheidung, sie uns anzugewöhnen, und der Disziplin, sie beizubehalten. Möglicherweise können wir damit nicht mehr alles wiedergutmachen, was wir jahrzehntelang falsch gemacht haben. Aber sicherlich ist es besser, jetzt ein paar Dinge zu ändern, als überhaupt nicht.

Lassen Sie mich hier noch auf einige Zusammenhänge hinweisen: Wenn Sie auf Grund des hier Gesagten zu der Überzeugung kommen, an Ihren Eßgewohnheiten einiges zu ändern, sollten Sie es zu einem festen Bestandteil Ihres Lebenskonzeptes machen. Schreiben Sie es nieder. Schreiben Sie auf, wie Sie essen, wie Sie kauen sollten. Das vertieft – wie bei allen anderen Lebensvorstellungen – auch hier Ihren Vorsatz.

Sie sollten auch nicht vergessen, sich bei der Umgewöhnung des autogenen Trainings zur Überbrückung der vermutlich auftretenden Anfangsschwierigkeiten zu bedienen, indem Sie sich einige Zeit hindurch jeden Morgen im Rahmen Ihres Trainings sagen: »Beim Essen entspannt und ruhig. Jeder einzelne Bissen wird gründlich gekaut und mit Speichel durchsetzt« oder wie die Formel lautet, die Sie für richtig halten.

Dritte Anregung:
»Wer Rauchen, Alkoholsucht und Medikamentenmißbrauch
meidet, tut mehr für seinen Körper,
als jeder Arzt für ihn tun könnte.«

Der bereits erwähnte Dr. Peter Schmidsberger, der in den vergangenen Jahren maßgeblich an der Herstellung eines »Lexikons für Naturheilkunde« mitwirkte und aufsehenerregende Bücher schrieb, wie »Skandal Herzinfarkt« oder »Der kritische Patient«, ist ein-, zweimal im Jahr in unserem Hause zu Gast.
Ich erinnere mich noch sehr gut daran, wie ich ihn auslachte, wenn er früher mit großer Beharrlichkeit meiner Frau und mir sein Kredo verkündete: »Wer Rauchen, Alkoholsucht und Medikamentenmißbrauch meidet, tut mehr für seinen Körper, als jeder Arzt für ihn tun könnte.«
Heute lache ich nicht mehr darüber. Ich rauche nicht mehr und habe seit Jahren keine Tabletten mehr geschluckt. Mein Herz, einst vom Infarkt bedroht, funktioniert wieder hervorragend und meine Verdauung brachte ich mit täglicher Gymnastik, bewußten Ernährungsgewohnheiten, autogenem Training und einer jährlichen Fastenzeit in Ordnung. Alles das geschah auf Anraten dieses beharrlich predigenden Dr. Schmidsberger. Ich gestehe hier allerdings gerne, daß wir zwei gelegentlich ganz schön einen draufmachen. »Aber mit Hirn«, wie wir zu sagen pflegen.
»Mit Hirn«, das heißt beispielsweise, daß ich den Weinbauern gut kenne und auch den Wein, den er mir liefert. Ich weiß, wie man so sagt, »was da drinnen ist«. Ich habe bereits erwähnt, daß ich früher einmal ein ziemlich unkontrollierter Trinker war. Heute, wie gesagt, esse und trinke ich »mit Hirn«. Die Umstellung war gar nicht einfach für mich, aber ein paar Monate mit dem täglichen Vorsatz im autogenen Training: »Trinke bewußt, genieße jeden Schluck und hör' auf, wenn die richtige Zeit gekommen ist« haben mir dabei geholfen.
Wie ich mir das Rauchen abgewöhnte und welche Rolle das autogene Training dabei spielte, habe ich Ihnen bereits beschrieben. Bliebe nur noch die Sache mit den Medikamenten. Ich habe mir jenen Zeitungsausschnitt aus einem Bericht über die beiden Wiener Ärzte Dr. Anton Neumayer und Dr. Werner Weiss bis heute aufgehoben, der meine Einstellung dazu fast von einem Tag auf den anderen veränderte. Vorher gehörte es für

mich einfach zur Selbstverständlichkeit, in den großen Kasten in unserem Eßzimmer zu greifen, in dem wir ein ganzes Lager von Pulvern, Fläschchen und Pillen unterhielten.

Ich nahm etwas, wenn ich Kopfweh hatte, und etwas für das Schlafen. Vor allem aber nahm ich im Laufe der Zeit ganze Dosen Abführmittel. Ich war der Prototyp des unüberlegten Medikamentenmißbrauchers. Ich dachte einfach nicht daran, welche Folgen das haben könnte. Ich wollte eine schnelle Hilfe für den Augenblick. Nur kein allzu langes Unbehagen, nur nicht lange über eine Krankheit nachdenken müssen.

Ich verwendete zu jener Zeit tatsächlich für das tadellose Funktionieren meines Autos mehr Zeit, als für das Funktionieren meines Körpers. Ich bemerkte bei der Mißachtung meines Körpers gar nicht, daß mir die unzähligen Pulver und Tabletten überhaupt nicht halfen. Da, wie gesagt, brachte mich folgende Feststellung der obengenannten Ärzte zum gründlichen Nachdenken: »Mehr als 90 Prozent aller von der pharmazeutischen Industrie angebotenen Stuhlregulierer sind gesundheitsschädlich. Sie lösen die Verdauungsschwierigkeiten nicht, sondern fördern sie und machen sie in vielen Fällen erst chronisch.«

An anderer Stelle stellten die beiden Ärzte fest, daß sich nach längerem Einnehmen von Abführmitteln schwerwiegende Gesundheitsschäden einstellen können. Beispielsweise Nierenversagen, unheilbare Leberschäden, bei schwangeren Frauen Frühgeburten oder schwere Durchfälle bei Säuglingen, wenn die stillende Mutter Abführmittel nimmt.

Natürlich hatte ich ähnliche Hinweise auch vorher schon gelesen, aber da nahm ich sie einfach nicht zur Kenntnis. Diesmal jedoch war es so, als würde mir mit einem Male mein Körper bewußt. Nachdem ich einmal angefangen hatte, mich um ihn zu kümmern und mich über ihn zu informieren, stieg meine Neugierde von Tag zu Tag. Mir wurde klar, daß ich etwas tun mußte, wenn ich nicht in nächster Zukunft einmal zusammenbrechen wollte, wie ein kaputtes Auto am Straßenrand. Alles weitere verlief in der bereits bekannten Weise. Ich las alle einschlägigen Bücher. Ich suchte nach den für mich besten Regeln, an denen ich mich in Zukunft orientieren konnte. Und ich habe bis heute nicht aufgehört, auch auf diesem Gebiet eigene Erfahrungen zu sammeln und daraus zu lernen.

Vierte Anregung: Warum es notwendig ist, dem Verdauungsapparat von Zeit zu Zeit eine Pause zu gönnen

Hier geht es um nichts anderes als um das Fasten. Ich kenne viele Leute, die verstehen darunter nur eines: Wenn sie dick geworden sind, wenn

Kleider und Hosen nicht mehr passen, dann suchen sie nach Rezepten, um die Pfunde wieder loszuwerden.
Das Schlankwerden ist zu einer Art Gesellschaftsspiel geworden. »Ich habe«, sagt man voller Stolz, »in zehn Tagen fünf Kilo abgenommen.« Ich weiß gar nicht, warum es überhaupt so wichtig sein soll, unbedingt so schlank wie die Illustriertenhelden oder -heldinnen zu sein. Vermutlich aus dem gleichen Grund, aus dem die Wäsche unbedingt weiß sein muß und nicht grau sein darf. Aber wissen Sie, warum das so ist? Man lehrt es uns, und wir sind gelehrig.
Was ich sagen will, ist: Es ist ein Unterschied von Welten, ob Sie hungern, nur weil Sie ein wenig schlanker sein möchten, oder ob Sie fasten, um Ihren Darm und andere mit ihm zusammenhängende Organe zu entschlacken. Sie mögen nach einer Schlankheitskur dünner geworden sein und wieder besser in Ihre Kleidung passen. Aber es muß keineswegs sein, daß Sie damit auch Ihrem Körper genützt haben.
Es gibt eine sehr ernst zu nehmende Auffassung des Arztes Dr. Franz Xaver Mayr, die auf einen einfachen Nenner gebracht besagt: Die meisten Menschen ahnen nicht, wie viele ihrer Leiden im Verdauungstrakt ihre Ursache haben.
Dr. Mayr widmete seine ganze Laufbahn als Arzt der Erforschung dieser Zusammenhänge und den Möglichkeiten zur Gesunderhaltung des Darms. Er entwickelte die inzwischen berühmt gewordene »Mayr-Kur« zur Darmreinigung und fand eine wachsende Zahl von Schülern unter den Ärzten, die seine Lehre weiterverbreiten und vervollkommnen.
Der heute vermutlich prominenteste Mayr-Schüler ist der in Kärnten praktizierende Dr. Erich Rauch, aus dessen weitverbreiteter Broschüre »Die Darmreinigung« ich folgendes zitiere: »Wie in einer warmen Speisekammer Butter ranzig wird, Wurst und Fleisch verderben und giftig werden, so entstehen im trägen Darm Zersetzungsgifte, weil die Weiterbeförderung und die Vermischung des Nahrungsbreies mit verdauenden und verderbnisverhütenden Sekreten gestört ist.
Aus Zucker, Brot, Obst, Gemüse und Mehlspeisen bilden sich Gärprodukte wie Alkohole, darunter auch giftiger Fusel. Aus eiweißreicher Nahrung, wie Fleisch, Fisch und Eiern, bilden sich Fäulnisstoffe, die so giftig sind, daß eine kleine Menge davon genügt, um, in Form einer Injektion verabreicht, ein Versuchstier zu töten.«
Wenn diese Stoffe infolge von Störungen, so schreibt Dr. Rauch, nicht restlos mit dem Stuhl den Körper verlassen, dann geht ein Teil von ihnen ins Blut über. Wenn die Menge dieses Giftes groß genug ist oder wenn das Entgiftungsorgan, die Leber, geschädigt ist, dann durchbrechen die Gifte die »Leberschranke« und überfluten den Organismus.
Und was passiert dann?

Dr. Rauch zählt die Folgen auf: Beeinträchtigung des Allgemeinbefindens, Arbeitsunlust, Mißmut, Gereiztheit, Erregbarkeit, Nervosität, übler Körpergeruch, Mundgeruch, Zungenbelag, Rückenschmerzen, Kreuzschmerzen, Schlafstörungen, Kopfschmerzen, Herzbeschwerden, Atemnot, Gefäßkrämpfe mit ständig kalten Füßen und Händen, Schwindelgefühl, Erschöpfungszustände am Morgen beim Aufstehen, starkes Schwitzen und anderes mehr.
Und von wo gehen alle hier aufgezählten Beschwerden aus? Vom Darm, den wir leichtfertig mit falschen Nahrungsmitteln überhäufen oder auf andere Weise schädigen und dem wir niemals eine Chance geben, sich zu reinigen.
Ich bin kein Arzt. Es steht mir auch nicht zu, Ihnen hier die Einzelheiten der »Mayr-Kur« zur Darmreinigung zu erklären. Ich möchte Sie nur anregen, sich selbst mehr für Ihren Darm, seine Funktion und seine regelmäßige Reinigung durch richtiges Fasten zu interessieren. Es bringt Ihnen vermutlich mehr als einen gesunden Verdauungstrakt. Beispielsweise das, was Dr. Mayr in seinen Schriften sagt: »Man sieht es Ihnen an, der Farbe Ihres Gesichtes, dem Ausdruck Ihrer Augen, der Silhouette Ihres Körpers. Man sieht es Ihnen an, ob Ihr Darm gereinigt ist. Oder ob die erwähnten Gifte Ihren Organismus schon überflutet haben.«

Fünfte Anregung: Wie Sie durch Bewegung, frische Luft, Abhärtung und genügend Schlaf viel für Ihre Gesundheit tun können

Es gehört zu den typischen Erscheinungen unserer Zeit, daß uns nichts kompliziert genug sein kann, um es ernst zu nehmen. Den meisten Respekt haben wir vor den Dingen, die wir am wenigsten verstehen. Gelegentlich komme ich in die Situation, daß jemand mir von seinen Leiden und deren medizinischer Bekämpfung erzählt. Solche Schilderungen erstaunen mich immer wieder.
Mich erstaunt der fast selbstzerstörerische Genuß, mit dem über Apparate und Methoden berichtet wird, wie an jemandem herumgesucht, geschnitten und gebohrt wurde. Die Erwähnung der Summen, die man für eine Behandlung bezahlen mußte. Als ob tatsächlich die Menge des bezahlten Geldes für die Qualität der Leistung eines Arztes maßgeblich sein könnte.
Gerade jetzt wird in meiner Heimat wieder einmal eine mit großem Propagandaaufwand gestartete sogenannte Krebshilfe durchgeführt. Mit Millionenaufwand sollen Millionen Menschen ermuntert werden, Mil-

lionensummen zu spenden, damit in einigen wenigen Krankenhäusern oder Institutionen sündteure Geräte zur Krebserkennung aufgestellt werden.

Wohlgemerkt: Der ungeheure Aufwand wird keineswegs zur Krebsbekämpfung verwendet, sondern nur für die Erkennung von Krebs. Wenn man bedenkt, daß nur ein ganz verschwindend kleiner Teil der krebsgefährdeten Bevölkerung durch solche Geräte geschleust werden kann, wenn man auch bedenkt, daß alle diese Leute für eine solche Untersuchung noch Geld bezahlen müssen, weil die Erhaltungskosten solcher Apparate ja mit ihrer Größe und Kompliziertheit steigen, dann drängen sich einem ganz einfältige Gedanken auf. Etwa: Warum wird so viel Aufhebens um die Krebsbekämpfung gemacht und so wenig für die Krebsverhütung getan? Wäre es nicht besser, mit Millionenaufwand den Menschen immer wieder einzuhämmern, wie sie leben müssen, damit sie keinen Krebs bekommen?

Freilich, dazu würden keine teuren Geräte gebraucht, weniger Menschen kämen zu den Ärzten und müßten dort behandelt, operiert und nachbehandelt werden. Sehr viele Menschen könnten sich sehr viel Geld ersparen, andere allerdings würden erheblich weniger verdienen.

Deshalb entscheidet man sich heute wohl auch allgemein für den weniger vernünftigen Weg. Wer sollte auch wirklich den Weg der gesunden Lebensweise propagieren, wenn niemand daran etwas verdienen kann?

Damit Sie mich richtig verstehen: Ich möchte die Krebsgefahr und die Verdienste der Ärzte bei der Krebsbekämpfung nicht verniedlichen. Schon deshalb nicht, weil ich aus eigener Erfahrung weiß, was es bedeutet, Krebs zu haben. Meine Frau wäre vermutlich heute nicht mehr am Leben, wenn ihr Gynäkologe nicht durch eine einfache Vorsorgeuntersuchung ein Karzinom in ihrem Körper im Frühstadium erkannt und entfernt hätte.

Was ich meine, ist das: Wir alle sollten die Krebsgefahr bekämpfen. Die Ärzte, wenn jemand Krebs hat. Vorher aber sollten wir, die Betroffenen, nichts unversucht lassen, die Erkrankung zu verhindern.

Wobei Krebs nur eine von vielen Möglichkeiten der Erkrankung ist, die ich hier besonders herausgestellt habe. Die einfachste, wirkungsvollste und billigste Art, Krankheiten zu vermeiden – lassen Sie es mich ein weiteres Mal sagen – sind Lebensgewohnheiten, die unsere Gesundheit fördern. Hier finden Sie deshalb weitere vier Hinweise für eine gesunde Lebensweise:

1. Bewegen Sie sich regelmäßig.

Sehen Sie zu, daß sie wenigstens einmal am Tag richtig zu Atem kommen. Vielleicht geht es Ihnen dann ähnlich wie einer Gruppe von Versuchspersonen bei einem deutschen Großkonzern. Nachdem man diesen Leuten aufgetragen hatte, einige Zeit hindurch nicht mehr mit dem Lift zu fahren, sondern zu Fuß zu gehen, zeigte ihr Kreislauf eine Leistungssteigerung von 30 bis 40 Prozent. Wissenschaftler mögen die Details und die Ursache solcher Feststellungen erforschen, für uns Laien sollten sie ein Hinweis sein, wie wichtig regelmäßige Bewegung ist.

2. Bewegen Sie sich in frischer Luft.
Sie sollten keine Gelegenheit vorbeigehen lassen, sich in frischer Luft aufzuhalten. Es ist nicht der Sauerstoff allein, den Ihr Körper braucht, sondern auch eine Art von »Elektrizität« in der Luft, die Ihre Organfunktionen anregt.

3. Härten Sie sich ab, damit Ihre Widerstandskraft erhalten bleibt.
Abhärten ist ein ziemlich verstaubter Begriff. Die Sprüche vom gesunden Geist im gesunden Körper, von Frühsport vor geöffnetem Fenster und der kalten Dusche am Morgen entlocken heutzutage vielen Menschen ein überlegenes Lächeln.
Veraltetes Image hin, Lächerlichkeit her, wir sollten unser Urteil danach fällen, ob uns etwas nützt oder nicht. Dazu müssen wir es einmal ausprobieren. Meine eigenen Erfahrungen kann ich Ihnen sagen:
Bevor ich mich täglich am Morgen nach einem warmen Bad eiskalt abduschte, bekam ich jeweils im Frühjahr und im Herbst mindestens eine Woche lang Halsschmerzen, Husten und erhöhte Temperatur. Jetzt ist das vorbei. Die kalte Dusche am Morgen ist außerdem für mich so etwas wie ein Prüfstein geworden. Zu einer täglichen Übung, etwas zu tun, was man als richtig erkannt hat, obwohl es Überwindung erfordert. Solche Situationen gibt es dutzendfach am Tag. Wir wissen ganz genau, daß etwas zu unserem Nutzen getan werden müßte, aber wir sind zu faul, zu bequem, oder es gibt tausend andere Gründe, warum wir es nicht tun.
Deshalb, so finde ich, ist die Überwindung zur kalten Dusche am Morgen eine nützliche Abhärtung des Körpers und ein Sieg über die Bequemlichkeit. Wir meinen ja oft, die Notwendigkeit der Selbstüberwindung beginne erst bei den ganz großen Entscheidungen im Leben. In Wahrheit aber ist es so, daß sie sich dort nur auswirken. Die Kraft zur Selbstüberwindung jedoch müssen wir durch das Training an den vielen scheinbar unbedeutenden Dingen des Alltags aufbauen. Dabei, ob wir pünktlich aufstehen, ob wir täglich am Morgen ein paar gymnastische Übungen machen, beim autogenen Training und so weiter.
Das und noch einiges mehr macht unsere Gesundheit und in weiterer Folge unser psychisches Wohlbefinden auf lange Sicht aus. Denn schließlich wissen wir alle, daß es uns Unbehagen bereitet, wenn wir etwas, das

wir tun möchten, aus Bequemlichkeit nicht tun. Genauso wie wir wissen, daß es uns glücklich macht, wenn wir ein vorgefaßtes Ziel auch wirklich erreicht haben. Ist es schließlich nicht für jeden Laien einleuchtend, wenn man die Behauptung aufstellt: Wenn der Kreislauf durch regelmäßige Bewegung aktiviert, wenn die Verdauung durch richtige Eßgewohnheiten normal und Haut und Organismus durch die kalte Dusche am Morgen abgehärtet sind, dann ist der Körper besser in der Lage, Krankheiten abzuwehren?

4. Vernachlässigen Sie nicht Ihren Schlaf.

Vernachlässigen Sie überhaupt niemals das natürliche Bedürfnis nach einem Ausgleich zwischen Spannung und Entspannung. Fachleute sagen: »Bei anhaltendem Schlafdefizit kommt es nicht nur zu gesundheitlichen Störungen, sondern auch zu Veränderungen der Persönlichkeit.«

Nicht genug zu schlafen oder nicht richtig ausgeschlafen zu sein, kann vielerlei Ursachen haben. Eine wurde schon erwähnt – Vergiftung des Organismus. Eine andere Ursache können seelische Spannungen sein. Vielfach haben wir verlernt, auch in diesem Bereich bewußt auf die Signale des Körpers zu achten, wenn er uns darauf hinweist, daß er überlastet ist und eine Phase der Entspannung braucht.

Um es praktisch auszudrücken: Wenn ein solches Signal bei der Urlaubsfahrt auf der Autobahn erfolgt, sollten wir nicht beim nächsten Gasthaus anhalten und einen starken Kaffee trinken. Wir sollten uns vielmehr am Straßenrand ein Nickerchen gönnen. Es hat keinen Sinn, unser Ruhebedürfnis mit allerlei Tricks zu überspielen und nachher damit zu prahlen, wie wir wieder einmal toll durchgehalten haben. Wie wir »einfach nicht umzubringen« sind.

Wir alle sind »umzubringen«. Das sollte aber noch kein Grund sein, die Hinrichtung an unserem Körper selbst zu vollziehen. Wenn der Körper zu sehr geschwächt ist und sich nicht rechtzeitig wieder regenerieren kann, bedarf es erhöhter Anstrengung, die selbstverständlichen Handlungen des Tages zu vollbringen. Wir haben mehr Mühe, uns zu konzentrieren. Der Appetit läßt nach. Wir neigen dazu, uns in besonderem Maße aufzuputschen. Wir sind nervös und gereizt und lassen uns zu Dingen verleiten, die uns später leid tun. Natürlich ist damit auch der gesamte Organismus geschwächt. Wir sind anfälliger für Krankheiten. Es ist wie bei einem Sportler, der für Verletzungen um ein Vielfaches anfälliger ist, wenn er nicht ausgeruht ist, wenn er vor dem Wettkampf nicht genug geschlafen und seinen Körper nicht lange genug aufgewärmt hat, um auf jede schockartige Belastung vorbereitet zu sein.

Jede Krankheit, die uns auf irgendeine Weise überfällt, ist wie ein Überraschungsschlag, den im Boxkampf ein Gegner gegen den anderen führt.

Ist der andere bereit, ist er ausgeruht und trainiert, kann er ausweichen. Wenn nicht, löst der Schlag eine Folge von Schädigungen aus.
Eine der wichtigen Vorbereitungen auf die Schläge, die den ganzen lieben Tag lang von allen möglichen Seiten gegen uns geführt werden, ist ausreichender Schlaf. Das sollten wir nicht vergessen. Nicht vergessen sollten wir auch, welche Rolle das autogene Training mit seiner formelhaften Vorsatzbildung in dieser Frage spielen kann, wenn wir von ihm Gebrauch machen.
Es kann sein, daß Sie die hier angeführten Hinweise für eine gesunde Lebensweise mit der Bemerkung abtun: »Alles das ist ja nichts Neues. Das habe ich doch schon längst gewußt.« Sie haben recht. Nichts davon ist neu, alles wissen wir schon. Das ist es ja: Wir wissen so vieles, aber wir machen keinen Gebrauch davon. Alles das soll für mich kein Grund sein, Sie in diesem Buch noch oft an einige »Selbstverständlichkeiten« zu erinnern. Ich tue es mit der Absicherung durch eigene Erfahrung. Ich habe alles oder wenigstens fast alles, worauf ich hier hinweise, selbst ausprobiert.
Aber wenn ich Ihnen als Beweis nicht seriös genug sein sollte, ermuntert Sie vielleicht die hier abschließend geschilderte Begebenheit zur ernsthaften Beachtung:
Im Jahre 1880 stand es – wie schon erwähnt – um den deutschen Reichskanzler Otto von Bismarck gesundheitlich nicht zum besten. Der damals Fünfundsechzigjährige hatte, nach Aussage eines ganzen Konsortiums bekannter Ärzte, Leberkrebs. Man gab ihm gerade noch ein paar Monate. Da geriet der Reichskanzler an einen Naturarzt. Vielleicht interessiert es Sie, was der seinem berühmten Patienten empfahl:

- Er verordnete ihm genau jene Eßgewohnheiten, von denen auf den vorangegangenen Seiten so viel die Rede war.
- Er sorgte dafür, daß der Patient nur mäßig dem Alkohol zusprach.
- Er ließ ihn sich täglich mehrere Stunden in der frischen Luft bewegen.
- Er verordnete ihm genügend Schlaf, den sich der Kanzler seit Jahren nicht mehr ausreichend gegönnt hatte.
- Dazu mußte er sich ständig solchen Heilmethoden wie Wickeln, Wassergüssen oder Schwitzbädern unterziehen.

Es bestehen wenig Zweifel, daß Herr von Bismarck es vorwiegend diesen so einfachen, so verstaubten, so unwissenschaftlichen Behandlungsmethoden verdankte, daß er noch weitere 18 Jahre lebte.

Eine Zusammenfassung, ehe Sie weiterlesen

Ich möchte Ihnen hier die einzelnen Schritte in Erinnerung rufen, auf die bisher im Rahmen unseres Selbsthilfe-Lernprogramms hingewiesen wurde:

- Sie haben eine Übung gelernt, mit der Sie sich aus der Hast des Alltags heraus in eine kurze Phase der Beschäftigung mit sich selbst versetzen können. Das ist Beginn und Voraussetzung dafür, sich von aller Abhängigkeit zu lösen, um sich fortan in immer größerem Maße selbst zu erziehen.
- Dann wurden Sie angeregt, für Ihr Leben ganz konkrete Verhaltensvorstellungen zu entwickeln und schriftlich niederzulegen.
- Als weitere Stufe Ihrer Selbsterziehung lernten Sie die Grundbegriffe des autogenen Trainings und die Möglichkeiten der Anwendung formelhafter Vorsätze kennen.
- Wenn Sie sich rechtzeitig das bisher Gesagte zu eigen gemacht haben, wird es für Sie leichter sein, sich manche Lebensgewohnheit abzugewöhnen. Und sich andere, die Ihrer Gesundheit nützen, anzueignen. Wobei es wichtig ist, daß Sie damit beginnen, sich bewußt mit Ihrem Körper und einigen Zusammenhängen zu beschäftigen.

Überdenken Sie all das noch einmal, ehe Sie in der Lektüre weiter fortfahren. Prüfen Sie, was für Sie von Nutzen ist. Tun Sie es, und machen Sie dabei Ihre eigenen Erfahrungen.

Siebente Lektion

Genauso, wie wir unseren Körper behandeln, machen wir es mit unseren Gefühlen. Wir verleugnen, unterdrücken und vernachlässigen sie, als seien sie nicht ein Teil von uns. Andererseits wieder neigen wir dazu, die Bedeutung von Verstand und Vernunft zu überschätzen.
In dieser Lektion geht es darum, wie wir die Harmonie zwischen Vernunft und Gefühlen herstellen können, um so für unser Leben möglichst viel daraus zu gewinnen. Statt immer nur von einer Enttäuschung zur anderen, von einem Schuldgefühl zum anderen zu leben.
In dieser Lektion ist auch von der Liebe die Rede, und warum es für manchen Menschen notwendig ist, ein paar angelernte Ansichten über sie zu ändern. Schließlich geht es auch darum, wie wir in der Ehe mit der Heuchelei der Gefühle Schluß machen können. Zu unserem Wohle. Und zu dem des Partners. Folgende vier Schritte werden empfohlen, um unsere Gefühle zu entdecken und richtig in unser Leben einzuordnen:

1. Wir sollten erkennen, welche falschen Vorurteile man uns in bezug auf unsere Gefühle anerzogen hat.
2. Wir sollen uns zu unseren Gefühlen bekennen, statt Angst vor ihnen zu haben.
3. Wir sollten unsere Gefühle in Einklang mit unserer Vernunft bringen, statt die Vernunft immer nur als Unterdrücker der Gefühle zu benützen.
4. Wir sollten uns bewußt und gezielt von sinnlosen Schuldgefühlen freimachen.

Warum wir uns vor unseren Gefühlen nicht fürchten und die Vernunft nicht überschätzen sollten

Wenn wir in der vorausgegangenen Lektion davon gesprochen haben, wie wichtig es ist, sich den Körper und die Erfordernisse der Gesundheit bewußt zu machen, dann gilt dies nicht minder für unsere Gefühle. Obwohl hier natürlich andere Voraussetzungen gegeben sind.

Im allgemeinen sind wir dazu erzogen worden, uns bei Gefühlen ein ganz bestimmtes Rollenverhalten zu eigen zu machen. Dazu gehören Vorstellungen wie:

- Ein richtiger Mann darf seine Gefühle nicht zeigen.
- Die Vernunft muß über die Gefühle herrschen.
- Wo kämen wir denn alle hin, wenn jeder seinen Gefühlen freien Lauf ließe?
- Der Mann ist von Natur aus vernünftig, die Frau ist gefühlsbetont.
- Eine Frau darf weinen, ein Mann nicht.
- Gescheite Menschen gehorchen ihrer Vernunft, einfältige Menschen sind von ihren Gefühlen abhängig.

Aus den meisten dieser vorgefaßten Verhaltensregeln geht hervor, daß Gefühle und Vernunft nicht nur zwei voneinander unabhängige, sondern offenbar auch miteinander unverträgliche Eigenschaften sind. Das Gefühl, so wurde es uns eingelernt, ist etwas, vor dem wir uns in acht nehmen müssen. Während es begehrenswert erscheint, sein Leben vorwiegend nach der Vernunft auszurichten.

So ungefähr fordern es die anerzogenen Verhaltensregeln. Wie aber steht es mit ihrer Erfüllung in der Praxis des täglichen Lebens?

Wenn wir uns umsehen und uns auch selbst danach prüfen, werden wir unter anderem folgende Feststellungen machen:

- Wir haben Angst davor, zu sehr und zu unpassender Zeit unsere wahren Gefühle zu zeigen. Wobei vielen von uns bereits die Urteilsfähigkeit darüber abhanden gekommen ist, was denn überhaupt unsere wahren Gefühle sind. Und was Heuchelei.
- Wenn wir unsere Gefühle zeigen, passiert es oft, daß wir später wünschen, wir hätten es nicht getan. Wenn uns gelegentlich die Gefühle vor anderen Leuten aus der Kontrolle geraten, dann laufen wir tagelang mit Schuldgefühlen herum.
- Daß wir manchmal unsere echten von den geheuchelten Gefühlen nicht mehr unterscheiden können, liegt ganz einfach daran, daß wir uns angewöhnt haben, Gefühle vorzutäuschen, wo gar keine sind. An-

dererseits heucheln wir überlegene Distanz, wo uns Gefühle bewegen, die wir aber aus Angst nicht zeigen möchten.

- Schließlich werden wir vielleicht feststellen, daß wir im allgemeinen viel vernünftiger sein möchten, als wir zu sein glauben. Diese vermutete Unfähigkeit, stets vernünftig sein zu können, ruft bei manchen Menschen ein ständiges Gefühl der Minderwertigkeit hervor.

All das und noch einiges mehr ist daran schuld, daß so viele von uns ein unbefriedigendes Verhältnis zu ihren Gefühlen und zu ihrer Fähigkeit haben, »immer vernünftig zu handeln«. Es macht sie unsicher. Und wie alles, was uns unsicher macht, bewirkt es ein mehr oder weniger hohes Maß an Abhängigkeit.

Diese Abhängigkeit besteht darin, daß wir einer Vorstellung nacheifern, die »man« für richtig hält. Wobei wir inzwischen ja längst wissen, daß nur höchst selten das, was »man« für erstrebenswert hält, auch für Sie oder mich richtig sein muß. Weil wir aber nie damit anfangen, unsere ganz persönlichen Lebensvorstellungen im Umgang mit unserer Vernunft und unseren Gefühlen zu finden, bleiben wir immer von fremden Normen abhängig.

Das gestörte Verhältnis mancher Menschen zur Vernunft besteht in dem Glauben, alle Probleme unseres Lebens seien ausschließlich auf vernünftige Weise zu lösen. Dabei sollten wir längst wissen, daß wir ganz bestimmt mehr als 70 Prozent unserer täglichen persönlichen Entscheidungen rein »gefühlsmäßig« fällen. Wobei die Richtigkeit solcher Entscheidungen davon abhängt, wie verdorben unser Gefühl für das Richtige durch die ständigen manipulativen Einwirkungen auf unseren Gefühlsbereich bereits ist.

Andererseits gibt es nicht wenige Menschen, die an die Wunderkraft bestimmter Gefühle glauben. Was erwarten sich ungezählte Paare nicht alles von der großen Liebe, die sie eines Tages überfällt. In diesem Stadium des Hochgefühls wird bei vielen Entscheidungen jede Beeinflussung durch die Vernunft gänzlich zurückgedrängt. Durch ihre eigene Vernunft und natürlich auch die Vernunft anderer.

Es ist verständlich, daß bei solchen Partnern, deren Sehnsucht nach Liebe sich plötzlich erfüllt, der Wunsch entsteht, dieses Glück möglichst lange zu erhalten. Es erscheint ihnen als logische Folgerung, daß sie heiraten. Dabei gibt es keinen wirklich logischen Hinweis darauf, warum gerade die Ehe dazu angetan sein sollte, die Liebe für ewige Zeiten zu erhalten. Vielmehr zeigt die Erfahrung, daß sehr oft Zwang und Routine des ehelichen Alltags den Gefühlen füreinander nicht unbedingt förderlich sind. Es sei denn, man schafft rechtzeitig vernünftige Absicherung zur langfristigen Erhaltung der Gefühle. Jeder, der lange genug verheiratet ist und sich gründlich mit den Voraussetzungen glücklichen Zusammenlebens beschäftigt hat, sollte wissen, daß Liebe allein kein Garant gemeinsamen Glückes sein kann. Eher ist das Gegenteil der Fall. Er sollte wissen, daß Gefühle die Gegensätze in sich vereinen. Daß es Freude nur mit Leid, Liebe nur mit Haß oder Triumph nur in der Verbindung mit Demütigung geben kann.

Und gerade diese Gegensätzlichkeit scheint es ja zu sein, vor der die meisten Menschen instinktiv Angst haben. Deshalb fürchten sie auch im höchsten Glück der Liebe bereits die zu erwartende Enttäuschung, und im größten Triumph sitzt ihnen die Demütigung der Niederlage bereits im Nacken. Es darf uns nicht wundern, daß manche von uns der Liebe ausweichen, weil es für sie unerträglich ist, sich vorzustellen, »wieder einmal enttäuscht zu werden«.

Wir können auch feststellen, daß Menschen ihre positiven Gefühle gewaltsam aufputschen, daß sie im Ausdruck ihrer Gefühle maßlos übertreiben, um auf diese Weise den Gedanken daran zu verdrängen, das Glück dieses Augenblicks könnte nicht lange genug erhalten bleiben.

Wenn wir solche Dinge bedenken, müssen wir uns fragen: Ist es ein Wunder, wenn so viele Leute nach immer neuen Enttäuschungen nie wieder an die Liebe glauben und Angst vor ihren Gefühlen haben? Und wenn sie ihren Gefühlen, von denen sie sich einreden, daß sie ihnen hilflos ausgeliefert seien, die Schuld an allen diesen Enttäuschungen geben?

Oder am Versagen einer Ehe, die eines Tages im festen Glauben an die große Liebe geschlossen wurde, die schon irgendwie ganz von selbst alle Schwierigkeiten aus der Welt schaffen würde. Tatsache aber ist, daß die Menschen vorerst mit ihrer Vernunft alle Schwierigkeiten aus der Welt schaffen müssen, damit die Liebe lange genug bestehen kann.

Es ist, um noch einmal auf die vorangegangene Lektion zurückzukommen, wie mit der Krankheit und dem irrigen Glauben an die Wundertätigkeit der Ärzte und der Medizin: Wer nicht rechtzeitig selbst für seine Gesundheit alles ihm Mögliche tut, darf bei einer Krankheit von den Ärzten keine Wunder erwarten. Und wer nicht rechtzeitig selbst für die Erhaltung der Liebe in der Ehe etwas unternimmt, in dessen Zusammenleben mit dem Partner ist die Enttäuschung fast unausbleiblich.

Vier Schritte, Gefühl und Vernunft in Einklang zu bringen und keine Schuldgefühle mehr zu haben

Was Schuldgefühle sind, wissen wir alle. Das sind die Belastungen, die unser Leben vergällen, wenn wir etwas getan haben, was man uns verboten hat. Oder weil wir sonst irgendwie gegen eine anerzogene Norm verstoßen haben. Oder weil wir etwas nicht getan haben, was alle anderen tun, oder etwas, das allgemein als schlecht, asozial oder vielleicht egoistisch gilt.

Die Gefühle hat unsere Erziehung mit besonders vielen Tabus belegt. Wenn wir sie brechen, leiden wir unter Schuldgefühlen. Diese Schuldgefühle drängen uns in eine Abwehrstellung. Sie schränken unsere Handlungsfreiheit ein. Sie machen uns unsicher. Wir fühlen uns den Leuten gegenüber, die sich als Erzieher oder Hüter der allgemeinen Normen aufspielen, auf seltsame Weise schuldig.

Wenn es ganz arg wird, dann sagen wir sogar in hoffnungslosem Selbstzweifel: »Ich habe ja den besten Willen, das zu tun, was man als anständiger Mensch zu tun hat, aber ich schaffe es einfach nicht. Ich bin nun einmal zu schwach. Ich bin eben ein schlechter Mensch. Was soll ich bloß tun?«

Es gehört zu den wichtigen Lektionen der Selbsterziehung und Selbstbefreiung, dieses Problem aus uns selbst heraus zu bewältigen und uns Schritt für Schritt freizumachen von solchen anerzogenen Abhängigkeiten. Hier vier Schritte, wie das geschehen kann.

Erster Schritt:
Entlarven Sie die falschen Vorstellungen über Ihre Gefühle

»Vorstellungen über meine Gefühle?« fragen Sie jetzt vielleicht ganz erstaunt. »Meine Gefühle kommen und gehen, wie es ihnen gerade so beliebt.« Ihr Erstaunen ist verständlich, denn die meisten von uns haben zeitlebens ihre Gefühle als eine eigenständige, mehr oder weniger von ihnen isolierte Welt betrachtet.

Gefühle waren da und wurden zur Kenntnis genommen. Sehr oft erst »nachher«, wenn sie uns wieder einmal in Schwierigkeiten gebracht hatten. Beispielsweise:

- Wenn wir jemandem bedenkenlos vertraut haben, weil wir uns zu ihm hingezogen fühlten. Er aber hat uns hineingelegt.

- Weil uns jemand beleidigt hat, von dem wir es niemals angenommen hätten, sind unsere Gefühle gekränkt.
- Wenn wir einem spontanen Gefühl, etwa der Freude, auf ganz verrückte Weise Ausdruck verleihen möchten, es aber unterdrücken aus dem Gefühl der Angst heraus, wir könnten unliebsam auffallen.
- Andererseits wieder schleppen wir manchmal tagelang Schuldgefühle mit uns herum, weil wir etwas getan haben, was uns Spaß machte. Doch irgendein Moralapostel hat die Nase gerümpft.

Was sich wie eine einfache Aufzählung ansieht, ist im Alltagsleben meist ein langwieriger, schmerzhafter Vorgang, der uns unglücklich macht. Immer wieder kehren die Gedanken darauf zurück. Wir zweifeln, wir quälen uns mit Selbstvorwürfen ab. Wir suchen Trost, Mitleid oder Rache, um das Schuldgefühl loszuwerden. Gelegentlich tun wir dann auch in unserer Unsicherheit Dinge, die uns in weitere Schwierigkeiten bringen. Und warum das alles?

Weil wir uns nicht bewußt und rechtzeitig um unsere Gefühle gekümmert haben. Statt sie in unsere Lebensvorstellungen und Verhaltensregeln einzubeziehen und gegen die willkürlichen Einflüsse von außen abzuschirmen, überlassen wir es dem Zufall, was mit ihnen geschieht. Wir überlassen es dem Zufall oder anderen Leuten, die es verstehen, uns auf dem Umweg über unsere Gefühle zu manipulieren.

Wenn jemand aus einem Grund, der ihm nützlich erscheint, freundlich zu uns ist, dann fühlen wir uns geschmeichelt. Und wir vergessen im Überschwang der Gefühle darüber nachzudenken, welchen Grund der andere haben könnte, uns auf diese Weise zu behandeln.

Verstehen Sie es richtig: Es geht nicht darum, das grundsätzliche Mißtrauen jedermann gegenüber zu nähren, der nett zu uns ist. Es geht nur darum, rechtzeitig die Vernunft zu benützen, um nicht hinterher mit verletzten Gefühlen dazustehen. Es geht auch nur darum, daß sich ein paar Augenblicke lang die Vernunft schützend vor das Gefühl stellt und die Frage prüft: »Meint der andere es wirklich ehrlich, oder möchte er nur mein Gefühl ködern, um mich für seine Pläne willfährig zu machen?« Wenn wir darin einige Übung haben, sind unsere Gefühle nicht mehr hilflos der Willkür und manipulativen Einflüssen ausgeliefert.

Darum geht es, wenn hier die Rede davon ist, eine für uns nützliche Harmonie zwischen Gefühl und Vernunft herzustellen. Man soll mit unseren Gefühlen nicht mehr nach Belieben umspringen können. Leute, die das im Sinn haben, umgeben uns in allen Lebensbereichen. Sie locken oder drohen, sie operieren mit Appellen an unsere Ehrlichkeit, an unseren Stolz, unseren Geltungsdrang und unsere Ehre. Natürlich auch an unsere Eitelkeit. Wenn wir da nicht ein funktionierendes Abwehrsystem schaffen, sind wir hoffnungslos der Abhängigkeit ausgeliefert. Die Erziehung, die man uns von Kindheit an angedeihen ließ, hat ja nichts dazu beigetragen, uns auf die Abwehr solcher Einflußnahmen vorzubereiten. Im Gegenteil, sie hat uns frühzeitig dafür empfänglich gemacht. Etwa durch Verhaltensanleitungen wie:

- »Sei immer nett zu anderen Leuten, auch wenn du sie nicht leiden kannst.«
- »Versuche den anderen zu verstehen, auch wenn es dir schwerfällt.«
- »Lerne es, Enttäuschungen zu ertragen. Sie gehören zu unserem Leben. Auf diese Weise lernst du, dich selbst zu überwinden.«

Solche Vorstellungen mögen anderen nützen. Jenen, zu denen wir mit Widerwillen nett sind, mit denen wir Nachsicht üben und für die wir so viel Verständnis haben. Und was soll es uns nützen, wenn wir Enttäuschungen, die andere uns bescheren, hinnehmen, als wären sie eine Gottesstrafe?

All das sind nur Belastungen, die wir erkennen und von denen wir uns Schritt für Schritt befreien sollten.

Uns all das bewußt zu machen und anzufangen, darüber nachzudenken, ist der erste Schritt auf dem Weg zur Selbsterziehung in diesem Bereich.

Zweiter Schritt: Bekennen Sie sich zu Ihren Gefühlen, statt immer nur Angst vor ihnen zu haben

Sich zu seinen Gefühlen zu bekennen heißt, daß wir uns erst einmal mit ihnen beschäftigen, sie beobachten. Daß wir lernen und üben, wie Gefühle und Verstand zusammenspielen können. Je besser wir darin werden, um so weniger brauchen wir vor den Gefühlen Angst zu haben.

Wenn uns also beispielsweise irgend jemand auf die Nerven geht, dann hätten wir das früher vielleicht geduldig ertragen. Nach der Verhaltensvorschrift: »Sei nett und freundlich zu allen Mitmenschen, auch wenn sie dir schrecklich auf die Nerven gehen.«

Sie waren nett zu ihm, um sich selbst vor dem Schuldgefühl zu schützen, eine Erziehungsvorschrift nicht befolgt zu haben. Jemand hätte Sie rügen oder beschimpfen oder über Sie die Nase rümpfen können. Und das hätte Ihre Gefühle verletzt und sie unsicher gemacht.

Jetzt aber ist die Situation anders. Jetzt schalten Sie die Vernunft ein und prüfen nüchtern: »Was nützt mir dieser Mensch, der mir da auf die Nerven geht? Was will er von mir? Was will ich von ihm? Ist mir meine Ruhe lieber als sein Gerede, mit dem er mir bloß die Zeit stiehlt?«

Wenn wir dann möglicherweise zu dem Schluß kommen, daß wir viel lieber etwas anderes tun würden, als uns diesem Menschen auszuliefern, dann machen wir kein Hehl daraus. Und auf die uns anerzogene Klischeefrage: »Was werden aber dann die anderen sagen?« reagieren wir mit unserer eigenen Verhaltensformel: »Natürlich ist es für mich immer auch interessant, was die anderen sagen. Aber für meine eigenen persönlichen Entscheidungen ist grundsätzlich in erster Linie das wichtig, was *ich* sage. Wenn ich zu dem stehen kann, was ich tue, brauche ich vor den anderen keine Angst zu haben.«

Seine Gefühle zu entdecken und mit dem Verstand in Harmonie zu bringen ist gleichzeitig so etwas wie eine Entrümpelung. Und diese Entrümpelung kann nur wirksam sein, wenn wir sie immer wieder in der Praxis des Alltags durchführen. Ein Beispiel:

Ein junger Mensch heuchelt seiner Mutter Liebe und Gehorsam vor, weil sie es von ihm erwartet und weil er sie nicht enttäuschen möchte. Es leuchtet jedem ein, daß so eine Heuchelei auf lange Sicht zu Frustrationen führen muß. Je länger ein Kind Gefühle vortäuscht und sich der »Du-mußt-deine-Eltern-lieben«-Formel unterwirft, um so größer wird wahrscheinlich die Abneigung des Kindes. Um so größer wird dann auch die Kluft zwischen Eltern und Kind.

Die Heuchelei der Gefühle, die Angst davor, gelegentlich auch seinen Gefühlen Luft zu machen, »weil man das den Eltern gegenüber nicht tut«, nennt man dann hochtrabend ein »Generationsproblem«. Wie sich solche Spannungen entladen können, erleben wir immer wieder in unserer Umwelt. Kinder reißen aus oder suchen Auswege in einem Leben, das sie für frei halten. Und sie halten alles für frei, was ihren Gefühlen keinen Zwang mehr auferlegt. Sie halten dann allerdings manches ebenfalls für frei, was nur eine andere Form der Abhängigkeit darstellt.

Es gibt viele Fluchtwege, die ihren Anfang in der Heuchelei der Gefühle nehmen. Fluchtwege mit oft unübersehbaren Folgen, die sich vermeiden lassen, wenn es uns gelingt, die Angst vor den zwanghaften Verhaltensnormen abzulegen.

Wenn der junge Mensch aus unserem Beispiel eines Tages mit seiner Mutter redet und versucht, ihr klarzumachen, daß er auch ein Recht darauf hat, nicht immer nur gehorsam, lieb und nett zu sein. Oder daß die Mutter von sich aus das Problem erkennt und das Kind auffordert, auch unfreundlichen Gefühlen Ausdruck zu verleihen.

Die Entrümpelung verstopfter Gefühlsverbindungen zu unseren Mitmenschen, das Gespräch darüber und Einsichten, die sich aus solchen Gesprächen ergeben, können einer Beziehung völlig neue Impulse geben. Wichtig ist aber dabei vor allem, daß wir den neuen Erkenntnissen über die Gefühle praktische Taten folgen lassen. Die Befreiung von Ängsten erfolgt in aktiven Vorgängen und nicht dadurch, daß wir nur darüber nachdenken.

Die wirkungsvollste Methode dabei ist, daß wir uns eine Liste der Leute aufstellen, zu denen wir die vorhandene emotionelle Beziehung ändern möchten. Dann legen wir fest, mit wem uns ein offenes Gespräch am leichtesten fallen würde. Wenn es zu unserer Zufriedenheit ausgefallen ist, wird uns der Erfolg den notwendigen Mut für das nächste Gespräch geben.
Solch ein gezieltes Vorgehen vertieft Schritt für Schritt die Beziehung zu unseren Gefühlen. Je mehr wir die befreiende Wirkung spüren, wenn wir uns anderen gegenüber zu unseren echten Gefühlen bekannt haben, um so deutlicher entwickelt sich bei uns in der Folge ein neues Selbstbewußtsein. Denn es leuchtet ja jedem ein, daß ein Mensch, der sich zu seinen Gefühlen bekennt, sicherer durch die Welt geht als einer, der sie aus Angst ständig verleugnet.

Dritter Schritt:
Bringen Sie Ihre Gefühle in Einklang mit Ihrer Vernunft

Die einzige Art des Zusammenwirkens zwischen Gefühlen und Vernunft besteht bei vielen Leuten darin, daß sie mit allen Mitteln versuchen, ihre Gefühle dem Verstand unterzuordnen. Der Verstand ist sozusagen das Instrument zur Unterdrückung der Gefühle, die nicht erwünscht sind. Ein sinnloser Akt der Selbstquälerei, wenn man es genau bedenkt.
Für uns stellt sich, wie gesagt, die Aufgabe, unseren Verstand als Instrument zur freien Entfaltung unserer Gefühle einzusetzen wie auch zu einer gezielten Kontrolle nach den von uns selbst festgelegten Maßstäben.
Was heißt das nun: freie Entfaltung der Gefühle, gleichzeitig aber bewußte Kontrolle der Gefühle? Ist das nicht ein Widerspruch? Kann sich ein Gefühl, das kontrolliert wird, gleichzeitig auch frei entfalten?
Ich erinnere mich noch heute sehr gut an meinen ersten journalistischen Lehrer, der mir neben den Grundlagen des Zeitungmachens auch ein paar tiefsinnige Lebensweisheiten mit auf den Weg gab. Eine lautete: »Kirschner, vergessen Sie nie das eine in Ihrem weiteren Leben – Freiheit heißt, in Ketten tanzen.«
In eine verständlichere Sprache übersetzt heißt das etwa: Die Freiheit unseres Verhaltens bedarf einer klaren Abgrenzung, innerhalb der wir uns sicher fühlen und die wir aus eigener Entscheidung als Einschränkung anerkennen. Die Freiheit ohne diese Abgrenzung würde bedeuten, daß wir immerfort nach etwas suchen, von dem wir nie genau wissen, wo es anfängt und wo es endet. Wie es beispielsweise Menschen ergeht, die ihr ganzes Leben lang nach der einzig seligmachenden großen Liebe suchen und sie nicht finden.

Sie können diese Liebe gar nicht finden, weil sie ihre Vorstellung von ihr nie abgegrenzt und konkretisiert haben.
Diese Überlegungen führen zu der Schlußfolgerung, daß wir mit Hilfe unseres Verstandes den Rahmen erkennen und festlegen sollten, in dem wir unsere Gefühle frei entfalten und genießen möchten. Und daß wir den Verstand auch dafür einsetzen, unsere Gefühle daran zu hindern, über die selbst festgelegte Begrenzung hinausgelangen zu wollen.
Es kann durchaus der Fall sein, daß wir es einmal für richtig finden, ein Gefühl zu unterdrücken, Freude nicht zu zeigen oder eine Abneigung zu verheimlichen. Dann aber ist das unser eigener Entschluß und nicht die unkritische Unterwerfung unter ein anerzogenes Verhaltensklischee. Das ist der entscheidende Unterschied.

Vierter Schritt: Machen Sie sich von Schuldgefühlen frei

Nahezu alles, was bei den bisherigen Schritten erläutert wurde, führt letzten Endes dazu, unsere Schuldgefühle einzuschränken. Bis sie uns eines Tages überhaupt nicht mehr daran hindern, frei und glücklich zu leben. Ohne die permanente Unterdrückung unserer schönsten Gefühle.
Hier braucht also nur noch wiederholt zu werden:

- Wir sollten zuerst erkennen, was wir wollen, weil es für uns richtig ist. Und wir sollten uns dazu bekennen.
- Wir sollten das tun, was wir für richtig halten. Und wir sollten es ohne die Angst tun, vielleicht bei anderen damit anzuecken.

Lassen Sie uns hier auch noch einige Überlegungen darüber anstellen, wie Schuldgefühle entstehen. Sie entstehen – wie wir ja wissen –, wenn wir etwas tun möchten, das nicht bestimmten Maßstäben entspricht, oder wenn wir mit unserem Handeln solche Maßstäbe verletzen.
Um nicht die geringste Unklarheit über die Art solcher Maßstäbe zu lassen, möchte ich einige noch einmal anführen:

- Ehre,
- Treue,
- Ehrlichkeit,
- Strebsamkeit,
- Gehorsamkeit,
- Höflichkeit,
- Stolz.

Wie wichtig es ist, solche hergebrachten Maßstäbe neu zu überdenken und unsere Gefühle nicht unkritisch von ihnen bestimmen zu lassen, beweist mir eine Geschichte, die ich gerade heute früh in der Zeitung las.

Da stand, daß der bekannte Direktor der Pariser Oper, Jean Salusse, Selbstmord begangen habe, indem er sich aus dem 14. Stock eines Hauses stürzte. Damit hat der Maßstab »Ehre« wieder einmal ein sinnloses Opfer gefordert. Monsieur Salusse fühlte sich nämlich durch angebliche Äußerungen seines Intendanten Rolf Liebermann so in seiner Ehre gekränkt, daß er nicht mehr leben wollte.
Diese Geschichte stand in der Zeitung. Was nicht in der Zeitung steht, sind die ungezählten kleinen Tragödien des Alltags:

- Die Vorwürfe, die wir uns selbst machen, weil uns jemand beschuldigt hat, wir seien nicht strebsam genug.
- Die Treue, die uns jemand geschworen und dann gebrochen hat.
- Unser leichtverletzlicher Stolz.

Die Frauen, die ihren Ehemännern jahrelang in ihren sexuellen Beziehungen Leidenschaft vorspielen, obwohl sie sie in Wahrheit völlig kalt lassen. Und warum tun sie das, warum nehmen sie diese unglaubliche Belastung auf sich? Weil sie zu stolz sind zuzugeben, daß sie nicht so leidenschaftlich sind, wie man es heutzutage von einer modernen Frau im Bett erwartet.
Es mag einer solchen Frau zweifellos einige Überwindung kosten, eines Tages zu ihrem Mann zu sagen: »Hör mal, ich will dir von heute an keine falschen Gefühle mehr vormachen. Ich will mich von dieser Belastung befreien und so sein, wie ich bin. Nicht so, wie man es von mir erwartet.« Aber glauben Sie nicht auch, daß diese drei Sätze ganz bestimmt ein ungeheurer Sprung nach vorne in der Befreiung ihrer Gefühle von falschen Zwängen wären?

Warum es fast immer als Enttäuschung endet, wenn zwei Menschen ihre Beziehung nur auf der »großen Liebe« aufbauen

Es gibt nur wenige Dinge in unserem Leben, die so verdreht, mißbraucht und mißverstanden werden wie der Begriff »Liebe«. Wenn jemand einem anderen sagt: »Ich liebe dich«, dann kann das ein ehrliches Bekenntnis sein. Oder es ist wenigstens ehrlich gemeint. Genau die gleichen Worte aber, von einem anderen gesagt, können die größte Heuchelei darstellen.
Wenn eine Frau einem liebebedürftigen Mann mit dem richtigen Augenaufschlag sagt, wie sehr sie in ihn verliebt sei, dann kann sie die größte Heuchlerin sein. Der Mann, in seiner Eitelkeit angesprochen, wird ihr glauben, weil er ihr glauben will. Auf diese Weise machen sehr viele Menschen den Fehler, denen zu glauben, die gefühlvoller »Ich liebe dich« sagen können, aber Heuchler sind. Dafür schenken sie denen, die es vielleicht viel ehrlicher meinen, aber in der Darstellung ihrer Gefühle nicht versiert sind, kaum Beachtung.
Sicherlich haben wir alle ein tiefes Bedürfnis, von einem Menschen geliebt zu werden und auch selbst jemanden zu lieben. Ich bin mir nicht sicher, woher dieses Bedürfnis kommt. Der Wunsch, von jemanden geliebt zu werden, kann ganz einfach Geltungsdrang sein. Manche Männer möchten ja ständig von Frauen angehimmelt werden, um auf diese Weise ihre Männlichkeit bestätigt zu sehen.
Andererseits kann die Liebessehnsucht der Versuch sein, aus der brutalen Realität des Alltags zu entfliehen, weil wir sie allein nicht bewältigen können. Wir suchen einen anderen Menschen, mit dem wir unsere Einsamkeit teilen, dem wir uns anvertrauen können. Der uns aufrichtet, wenn wir resignieren möchten.
Die Liebe, wie sie im allgemeinen von den meisten Menschen verstanden wird, birgt von Anbeginn an vielfältige Gefahren in sich. Wer auch nur einige dieser Gefahren nicht beachtet, dessen Sehnsucht nach Liebe wird geradezu notwendig in Enttäuschung enden.
Ich führe hier nur drei dieser Gefahren an:

1. Der Glaube an die Beständigkeit der Liebe.

In uns allen ist ein seltsames Streben danach, möglichst alles, was uns Freude macht, für immer zu behalten. Es ist leicht zu verstehen, daß dieser Wunsch nur in den wenigsten Fällen erfüllbar ist.

Denn alles, was wir sehen und erleben, was uns glücklich macht, ist an den Augenblick gebunden. Nichts ist, um es anders auszudrücken, morgen so, wie es heute ist. Eine Blume, die uns gefällt, erscheint uns dann am schönsten, wenn wir sie am Wegrand erblicken. In diesem Augenblick, in der Stimmung, in der wir sie zur Kenntnis nehmen und ihren Anblick genießen, hat unsere Freude ihren Höhepunkt erreicht.
Wenn wir die Blume pflücken und mit nach Hause nehmen, wird sie nicht nur von Tag zu Tag mehr verwelken. Auch wir werden uns an ihren Anblick gewöhnen. Das Interesse wird nachlassen. Genauso ergeht es uns nahezu mit allen Glücksimpulsen in unserem Leben.
Es scheint mir, als könne man in bezug auf die Liebe und die Gefühle im allgemeinen von einem »Naturgesetz der permanenten Veränderlichkeit« sprechen. Das Wesen unserer Gefühle scheint darin zu bestehen, daß sie sich ständig zwischen Höhepunkten und Tiefpunkten bewegen. Niemals bleiben sie gleich, niemals stehen sie still. Der Mensch ist nicht imstande, sie festzuhalten. Wer also glaubt, die Liebe, die ihn heute glücklich macht, könne in diesem Zustand erhalten bleiben, muß unweigerlich eine Enttäuschung erleben. Denn mit Sicherheit sinkt die Liebe dem Tiefpunkt ihrer Entwicklung entgegen, nachdem sie den Höhepunkt überschritten hat. Und sie nimmt neuerlich zu, wenn die Krise überwunden ist.
Wer sich der Illusion hingibt: »Wir lieben uns so innig, es ist unvorstellbar, daß sich das jemals ändern könnte«, der erkennt die Gefahr nicht, die ihm droht.

2. *Das Vertrauen in die Wahrhaftigkeit.*

Wer sich lange genug nach Liebe gesehnt hat und sie dann eines Tages wie durch ein Wunder erfährt, läuft Gefahr, den Partner völlig falsch einzuschätzen. Und natürlich auch sich selbst. Der Partner wird nicht selten zu einem überirdischen Wesen glorifiziert. Es werden Erwartungen in ihn gesetzt, die er niemals erfüllen kann.
Wenn genügend Zeit vergangen ist, wenn der Höhepunkt der Gefühle überschritten ist und sie dem ersten Tiefpunkt entgegensteuern, mag es vielleicht gelingen, den Traum durch allerlei Täuschungsmanöver zu verlängern.
Man hat schließlich so viel an Vertrauen, an Glauben, an Zukunftserwartung in den anderen investiert, daß man es festhalten möchte. Dabei erwächst bereits aus genau diesem Bemühen des Festhaltens das erste Mißtrauen.
Je mehr Gefühle und Erwartungen wir in den Partner investiert haben, um so krampfhafter versuchen wir, sie möglichst lange zu erhalten. Und

wenn der andere sich nicht so verhält, wie wir es uns als Idealfall vorgestellt haben, um so verwirrter sind wir. Bis wir schließlich feststellen, daß der andere nicht der Mensch ist, den wir in unserer Phantasie aus ihm gemacht haben.
Und je größer vorher unser Vertrauen in die Wahrhaftigkeit der Liebe unseres Partners war, um so größer wird jetzt die Enttäuschung sein.

3. Die Erwartung, daß die Liebe Wunder wirkt.

Es ist immer wieder erstaunlich, mit welch naivem Glauben die Menschen von der Liebe unbegrenzte Wunder erwarten. Sie kennen ja euphorische Phasen wie diese: »Uns kann nichts passieren, wir lieben uns ja.« Oder: »Wir lieben uns, das ist die Hauptsache. Alles andere wird sich schon von selbst ergeben.«
Mit solchen Illusionen ausgestattet, sind schon Millionen junger Menschen in die große Enttäuschung geschritten. Und zwar in eine für jeden vermeidbare Enttäuschung, der sich rechtzeitig darüber klargeworden ist, was die Liebe vermag und was nicht.
Die Liebe allein, das steht wohl außer Zweifel, vermag gar nichts. Sie ist ein Hochgefühl des Augenblicks. Es liegt an uns, aus ihr etwas zu machen. Ob wir etwa Träume aufbauen, die in der ersten unvermeidlichen Krise bereits zerbrechen, oder ob wir uns dem Rhythmus der Höhepunkte und Tiefen anpassen und für die zu erwartenden Krisen rechtzeitig Absicherung schaffen.

Die drei hier angeführten Gefahren der Liebe und der Gefühle im allgemeinen sind natürlich nur ein unvollständiger Hinweis auf viele weitere Zusammenhänge, die wir zumeist aus eigener Erfahrung kennen. Was leider nicht heißt, daß wir aus der Erfahrung auch Lehren ziehen.
Schließlich gibt es nicht wenige Menschen, die aus ihren Fehlern gar nicht lernen wollen. Mit einer fast zwanghaften Sturheit gehen sie immer wieder »den Weg des Gefühls«. Es macht ihnen offensichtlich nichts aus, daß sie dabei immer wieder durch bittere Erfahrungen zu Boden gestreckt werden. Daß sie etwa von Heuchlern an der Nase herumgeführt und ausgenützt werden. Nichts kann diese Menschen daran hindern, bis ans Ende ihrer Tage an die große Wundermacht Liebe zu glauben und auf sie zu hoffen.
Gegen solche Gläubigkeit ist nichts einzuwenden. Wer von unerschütterlichem Glauben an eine Sache beseelt ist, der ist wahrscheinlich gegen Enttäuschungen besser gewappnet als jemand, der sich dazu erzogen hat, Gefahren vorauszusehen, kritisch zu sein, die Realität zu erkennen und

auf das Schlimmste vorbereitet zu sein. Es mag seine Richtigkeit haben, wenn man sagt: »Wer blind glaubt, braucht nicht zu denken.« Wer blind gläubig ist, braucht sich auch nicht mit Problemen der Selbsterziehung oder Selbstbefreiung herumzuschlagen. Seine Freiheit besteht in der vollkommenen Abhängigkeit vom Gegenstand seines Glaubens.

Eines allerdings bedeutet unweigerlich das Ende dieser »Freiheit« und des daraus resultierenden Glücks: wenn dieser Mensch auch nur den geringsten Zweifel an seinem Glauben aufkommen läßt.

Für alle, die sich nicht dazu entschließen können, sich einem Glauben bedingungslos hinzugeben, stellt sich deshalb die Frage: Was kann ich tun, um nicht den vielfältigen Gefahren zu unterliegen, sondern um aus der Liebe das Beste für mich zu machen?

Diese Frage ist leicht zu beantworten:

1. Erkennen Sie die Liebe als etwas, das dem Gesetz der permanenten Veränderung unterliegt. Rechnen Sie von Anfang an damit, daß jedem Höhepunkt eine Krise folgt, und seien Sie rechtzeitig darauf vorbereitet, diese Krise zu überwinden.
2. Setzen Sie auch in den schönsten Momenten der Liebe zu einem anderen Menschen in diesen nicht Erwartungen, die er nicht erfüllen kann. Er hat Fehler. Rechnen Sie damit. Lassen Sie sich nicht dazu verleiten, den Augenblick der Liebe ewig festhalten zu wollen, und versuchen Sie auch nicht, sich der Illusion hinzugeben, einen anderen Menschen ewig festhalten zu können.
3. Genießen Sie die Liebe, aber benützen Sie Ihren Verstand, wenn Sie aus der Liebe des Augenblicks ein dauerhaftes Verhältnis machen wollen. Verlassen Sie sich niemals auf die Wunderkraft der Liebe, sondern immer nur auf sich selbst.

Fünf wichtige Voraussetzungen für die Ehe, damit sie nicht an der falschen Voraussetzung unserer Gefühle scheitert

Es ist eine eigenartige Sache mit der Ehe, den Gefühlen, der Vernunft, der Romantik und der nüchternen Realität des Alltags. Manche meinen, die Liebe sei die wichtigste aller Voraussetzungen für eine dauerhafte und glückliche Ehe.

Sie ist es nicht. Wie ja auch die Liebe allein ein völlig verfehlter Grund für eine Heirat ist. Sich der kurzfristigen Liebe zueinander zu erfreuen bedarf nicht des Aufwandes für ein langfristiges Vorhaben, wie es die Ehe sein soll.

Wenn man versucht zu ergründen, warum Leute heiraten, stößt man auf vielfältige Motive, von denen natürlich die meisten von den Betroffenen verschleiert werden. Man sagt: »Wir lieben uns, deshalb heiraten wir.« Tatsächlich aber will der Mann nicht mehr im Gasthaus essen, die Braut hat es satt, weiterhin ins Büro zu gehen. Oder sie hält es bei ihren Eltern nicht mehr aus, und ihre Ehe ist nichts anderes als eine Flucht nach vorne. Männer wieder heiraten, weil sie sich abends einsam fühlen oder weil sie einen bequemen und regelmäßigen Partner für ihre sexuellen Bedürfnisse suchen.

Und was ist nun wirklich der Sinn der Ehe?

Wissen Sie, wie es der berühmte und inzwischen verstorbene Wiener Humorist Karl Farkas ausdrückte? Er sagte: »Die Ehe ist ein Zusammenschluß von zwei Menschen, damit sie gemeinsam die Probleme bewältigen, die sie nicht hätten, wenn sie allein geblieben wären.«

Das, wie gesagt, ist die Meinung eines Humoristen. Betrachtet man das Problem ernsthafter, könnte man den Sinn einer Ehe so definieren: »Sie ist der Zusammenschluß von zwei Menschen, um sich gegenseitig zu helfen, das Leben besser zu bewältigen und ihm gemeinsam möglichst viel Glück abzuringen.«

So einfach und nüchtern sollten wir den Sinn der Ehe sehen. Was aber hat man daraus gemacht? Eine romantische Sentimentalität, ein Geschäft, eine Heuchelei der Gefühle, eine Institution, die nicht mehr ernst genommen wird und vor der kaum einer mehr wirklich Respekt hat. Natürlich bekennen sich viele Leute im Brustton der Überzeugung zur Ehe als romantische Liebesinstitution. Aber was sagen schon solche Lippenbekenntnisse.

Daß sich zwei Leute nach langen Jahren des Zusammenlebens nicht scheiden lassen, heißt ja keineswegs, daß diese Ehe glücklich ist. Das kann genauso bedeuten, daß die Partner resigniert haben und nur mehr nach außen hin den Schein wahren. Sicherlich ist richtig, daß unzählige Ehen aus Gewohnheit andauern, obwohl sie möglichst noch heute getrennt werden sollten, damit die Betroffenen sich wenigstens für den Rest ihres Lebens bessere Voraussetzungen des Glücklichseins schaffen können. Aber man bleibt zusammen. Aus Gewohnheit, aus Trägheit. Weil man nicht weiß, wie man mit einem anderen Partner die Fehler vermeiden könnte, mit denen man all die Jahre nicht fertiggeworden ist.

Andere Ehen wieder werden geschieden, noch ehe die Partner einen ernsthaften Versuch gemacht haben, sich die Fähigkeit des glücklichen Zusammenlebens anzueignen. Denn diese Fähigkeit ist erlernbar. Sie kann eingeübt werden. Natürlich ist es dafür notwendig, die Voraussetzungen zu kennen.

Was sind das für Voraussetzungen? Wer sagt sie uns? Wer lehrt sie uns? Wer ist wirklich daran interessiert, uns rechtzeitig auf das Zusammenleben in der Ehe vorzubereiten? Wer von all den wohlmeinenden Hütern von Recht und Moral, die so eifrig und selbstlos über unser Heil wachen? Sicher ist:

- Der gute Vater Staat kümmert sich erst um eine Ehe, wenn sie in Scherben gegangen ist. Dann feilschen Richter und Anwälte über die Köpfe der Betroffenen hinweg darum, wer gewinnt und wer zahlen muß. Es fällt also der Staat hinterher, wenn es längst zu spät ist, die Urteile, die nicht notwendig wären, wenn er sich vorher mehr um die Betroffenen gekümmert hätte.
- Die Gemeinschaft und ihre ungezählten Institutionen sorgen mit Strenge dafür, daß jeder Bürger für alles, was er unternimmt, die richtige Eignung nachweisen kann. Alles muß gelernt sein, jeder muß beurteilt und geprüft werden, braucht Bewilligungen, Bestätigungen und Zeugnisse. Nur im Falle der Ehe setzt die Gesellschaft voraus, daß jeder ohne besondere Vorbereitung die erforderlichen Fähigkeiten besitzt.
- Kümmern sich die anderen Autoritäten und unsere Erzieher darum? Lernt man die Voraussetzungen glücklichen Zusammenlebens in der Schule oder von den Erwachsenen, die es wissen müßten? Die meisten von ihnen sind so eifrig bemüht, ihr eigenes Versagen vor uns zu verbergen, daß sie für diese zusätzliche Aufgabe bei weitem überfordert wären.

Wenn wir also selbst darangehen, die Ehe in unsere bewußte Lebensplanung einzubeziehen, dann sollten wir eine Vorstellung entwickeln, was wir von dieser Ehe auf lange Sicht erwarten. Wohlgemerkt: was *wir* von der Ehe erwarten und nicht, welches Rollenverhalten man üblicherweise von uns erwartet.

Ehe Sie also weiterlesen, sollten Sie sich mit diesem Problem beschäftigen.
Sie sollten sich fragen: »Was erwarte ich von einer Ehe?« Es macht dabei keinen Unterschied, ob Sie noch nicht verheiratet sind oder ob Sie schon seit zehn Jahren unglücklich verheiratet sind.
Wenn Sie erst irgendwann in der Zukunft heiraten wollen, dann ist es jetzt keineswegs zu früh, sich damit zu beschäftigen, wie Sie diese Ehe unter den für Sie besten Voraussetzungen eingehen können.
Wenn Sie bereits verheiratet sind und Ihre Ehe vielleicht zur Gewohnheit geworden ist oder zum lästigen Anhängsel, von dem Sie sich bloß aus Trägheit nicht trennen wollen, dann kann die gedankliche Auseinandersetzung mit den Bedingungen für ein besseres Zusammenleben die eine oder andere Entscheidung bei Ihnen herbeiführen.
Die Entscheidung, unter besseren Voraussetzungen neu anzufangen. Und wie sehen diese besseren Voraussetzungen aus?

Erste Voraussetzung:
Teilen Sie die Ehe in zwei Bereiche ein. In den organisatorischen und in den Gefühlsbereich

Wissen Sie, was ungezählte Ehen ruiniert? Die ständige Vermischung von Gefühlen mit den Erfordernissen des täglichen Zusammenlebens. Sehen Sie sich in Ihrer Umgebung um, und Sie werden entdecken, was ich meine:

- Frauen suggerieren ihren Männern Schuldgefühle, um sie damit zu mehr Leistung, Prestigegewinn oder Nachsicht zu veranlassen.
- Männer wollen sich mit Kleidern, Pelzmänteln oder pompösen Wohnungen davon loskaufen, daß sie als Ehemänner und Familienväter versagen.
- Frauen stimulieren ihre Männer sexuell und entziehen sich ihnen dann im Bett so lange, bis sie zu materiellen Zugeständnissen gefügig gemacht worden sind.

Um nur einige der vielen Variationen der ganz bewußten Vermischung von Gefühlen und realistischen Erfordernissen unter Eheleuten zu erwähnen. Und wozu führt das? Es führt zu ständiger Unsicherheit und Verletzlichkeit. Zu einem ständigen Kampf um diese bessere Position, meistens natürlich auf Kosten des anderen, der sich seinerseits wieder zur Wehr setzt. Kein Wunder, wenn die Partner unter solchen Umständen verlernen, ihre Gefühle zu zeigen und Freude daran zu haben.
Die Liebe wird bald überschattet von Enttäuschungen, die man sich gegenseitig gewollt oder ungewollt zugefügt hat. Man ist mißtrauisch ge-

worden und weiß nicht mehr recht, was echt ist und was nur vorgetäuscht.
Um das zu vermeiden, sollte eine Ehe durch klare Absprache in zwei Bereiche eingeteilt sein:

1. In den Bereich der Organisierung des Zusammenlebens mit möglichst eindeutig festgelegten Regeln. Mit abgegrenzten Verantwortungen, wobei jeder Partner jene Bereiche übernehmen sollte, die er besser als der andere bewältigen kann.
2. In den Bereich der Gefühle, der Liebe und der Zärtlichkeit, die niemals als Instrument der Erpressung benützt werden sollten. Dabei darf nicht vergessen werden, daß traditionelle Rollenvorstellungen, wie Männerstolz oder Männerehre, durch diese Zwei-Bereiche-Einteilung in ihren Auswirkungen eingedämmt werden.

So kenne ich beispielsweise einige Männer, die im Umgang mit Geld viel weniger geschickt sind als ihre Frauen. Trotzdem gebärden sich diese Männer jeden Monatsersten wie selbstherrliche Landesherren, wenn sie ihren Frauen das Wirtschaftsgeld zuteilen und Rechenschaft über alle Ausgaben fordern. Ohne selbst dem Partner Rechenschaft abzulegen, versteht sich. Unzählige Frauen wissen beispielsweise auch nach Jahrzehnten des Zusammenlebens nicht, wieviel ihre Männer verdienen. Ist es ein Wunder, wenn in dieser Atmosphäre ständiger Machtkämpfe, des Verbergens und Belauerns die Gefühle verkümmern?
Es ist unter solchen Bedingungen natürlich auch zu verstehen, daß Frauen sich gegen die Unterdrückung im organisatorischen Bereich durch Gegenmaßnahmen im Gefühlsbereich wehren. Indem sie sich beispielsweise ihren Männern im Bett entziehen. Oder indem sie mit dem besten Freund ihres Mannes schlafen. Einfach aus Rache für die zugefügte Erniedrigung.
Die Einteilung in zwei Ehe-Bereiche hilft auch dabei, sich von der verhängnisvollen Auffassung freizumachen, die Ehe sei ausschließlich eine Sache der Romantik und der großen Liebe.
Es bedeutet weiterhin, daß wir im organisatorischen Bereich Mechanismen für Problemlösungen schaffen. Ein Podium des miteinander Redens, des Aussprechens und selbstverständlich auch des Streitens.
Meine Frau und ich – wir sind immerhin schon siebzehn Jahre verheiratet – trafen am Anfang unserer Ehe die Vereinbarung, niemals auch noch die Nacht durch böse aufeinander zu sein. Dieses Versprechen macht es uns leicht, gelegentlich die halbe Nacht lang in die wildesten Streitereien verwickelt zu sein, ohne gleich befürchten zu müssen, daß einer von uns deshalb am nächsten Morgen die Scheidung einreicht.

Das macht es einem auch leicht, dem anderen selbst die bösartigsten Emotionen an den Kopf zu werfen, um sie endlich loszuwerden. Wenn man sich Luft gemacht hat, wenn die aufgestauten Ressentiments entladen sind, kann man sich mit der Sicherheit ins Bett legen, daß beim Morgengrauen wieder alles in Ordnung ist.
Ich behaupte, daß diese relativ einfache Entscheidung zwischen meiner Frau und mir ein ganz wesentlicher Grund dafür ist, daß unsere Ehe bis heute zu beider Zufriedenheit funktioniert. Dabei ist diese Entscheidung ja nichts anderes als die bewußt vereinbarte Einteilung in zwei Bereiche:

- Abends darf oder sollte gestritten werden. Da werden die Probleme aller Art aus der Welt geschafft. Da werden die Sträuße ums Geld und die Kindererziehung ausgefochten.
- Am nächsten Morgen ist die Atmosphäre des Zusammenlebens wieder rein für den Ausdruck der Gefühle. Da zeigt der, der den anderen beleidigt hat, daß er ihn trotzdem mag. Da ist es nicht notwendig, das Mittel der Erpressung einzusetzen, weil die Probleme ja im Wohnzimmer ausgestritten wurden – nicht im Schlafzimmer.

Es wird niemanden überraschen, wenn ich sage, daß die Phase der Versöhnung nach abendlichen Streitgesprächen oft schon eingetreten ist, ehe der nächste Morgen anbricht.

Zweite Voraussetzung:
Schaffen Sie sich ein vorher festgelegtes Programm der Auseinandersetzung, das Sie streng einhalten

Dieses »Nie-am-nächsten-Morgen-böse-Sein« hat sich in all den Jahren glücklicherweise als ein Vorsatz erwiesen, dessen wir uns jeweils bei Bedarf bedienen. Eine bessere Lösung bietet zweifellos ein in bestimmten Zeitabständen festgelegter Aussprachetermin.
Wie wir alle wissen, scheitern Ehen nicht selten daran, daß die Partner aufgehört haben, miteinander zu reden. Oder sie reden miteinander, aber nicht über die entscheidenden Dinge. Sie reden aneinander vorbei. Sie reden in nichtssagenden Floskeln. Sie reden, um voreinander mit Worten zu verbergen, was sie tatsächlich beschäftigt.
Sie lösen deshalb nicht einmal mehr die unbedeutenden Alltagsprobleme in gegenseitigem Einvernehmen. Der eine oder der andere ist in seinen Gefühlen verletzt, und dieses Unbehagen wird nie durch ein Gespräch oder einen Streit aus der Welt geschafft.
Man suggeriert sich mit verhängnisvollen Folgen: »Der andere hat mich beleidigt, deshalb rede ich zur Strafe nicht mehr mit ihm.« Statt ihm zu sagen: »Du hast mich beleidigt. Wir müssen unbedingt darüber reden.«

Im ersten Fall bedeutet es, daß man sich mit seinem verletzten Gefühl in sich selbst wie in ein Schneckenhaus zurückzieht und die Vernunft als Vermittler aussperrt. Im zweiten Fall heißt es, daß wir die Vernunft als Helfer beiziehen und akzeptieren. Ein praktisches Beispiel also vom nutzbringenden Zusammenwirken zwischen Gefühl und Vernunft.
Es ist verständlich, daß verletzte Gefühle die Fähigkeit, vernünftige Initiativen zu ergreifen, stark beeinträchtigen. Man weiß ganz genau, daß man jetzt vernünftig handeln sollte, aber man tut es nicht. Man kann sich einfach nicht dazu überwinden. Vermutlich, weil bereits andere Gefühle im Spiel sind. Weil man vielleicht zu stolz ist, als erster nachzugeben.
Dagegen hilft ein im voraus zu ganz bestimmten Zeiten festgesetzter Aussprachetermin. Am besten zusätzlich vermerkt durch ein Schild im Wohnzimmer oder über dem Spiegel im Badezimmer, auf dem steht: »Am Mittwoch um 19 Uhr reden wir miteinander, ob es uns paßt oder nicht.«
Die Kinder können ruhig davon wissen. Das verstärkt die Verpflichtung, den Termin einzuhalten. Der Gedanke, vor den Kindern als unzuverlässig dazustehen, treibt uns zum festgelegten Termin, auch wenn wir vor ihm flüchten möchten.
Ein auf solche Weise festgelegtes Forum der Auseinandersetzung über strittige Alltagsprobleme gibt den Beteiligten Sicherheit. Jeder weiß: Im Augenblick bin ich auf den anderen böse, ich hasse ihn sogar. Jetzt ziehe ich mich noch in eine Ecke zurück und schmolle, aber übermorgen, am Mittwoch um 19 Uhr, wird das Problem aus der Welt geschafft.
Und wenn einmal an einem Mittwochabend überhaupt kein Problem vorliegt, wenn keiner Lust hat, auch nur einen winzigen Streit vom Zaun zu brechen, um sich Luft zu machen – ist das so schlimm? Dann trinken Sie ein Glas Wein und reden über die schönen Dinge des Zusammenlebens. Aber halten Sie den Termin dennoch ein.
Es hat sich übrigens bei Ehepaaren, die diese Methode der wöchentlichen Aussprache erfolgreich praktizieren, eine einfache Spielregel als wirkungsvoll erwiesen. Um zu vermeiden, daß bei Beginn des Gesprächs keiner der Partner mit der Sprache herausrücken will, muß jedesmal ein anderer zuerst sein Problem darlegen. Während er spricht, ist der Partner verpflichtet, ihm unter allen Umständen schweigend zuzuhören. Solch kleine Hilfsmaßnahmen können von jedem Paar nach den persönlichen Erfordernissen vereinbart werden.

Dritte Voraussetzung:
Legen Sie in Ihrer Ehe fest, was jeder bereit ist für das gemeinsame Leben aufzugeben und wie weit die Toleranz für den anderen gehen soll

Unklarheiten über die Abgrenzung persönlicher Freiheiten und der Toleranz bereiten vielen Eheleuten zeitlebens große Probleme. Es mag sein, daß sie sich anfangs im Überschwang der Gefühle ewige Treue geschworen haben. Aber gerade solche Versprechen können die Ursache jahrelanger Heuchelei werden.
Es mag beispielsweise sein, daß die Partner es eines Tages mit dieser Treue gar nicht mehr so genau nehmen. Trotzdem fühlen Sie sich an das Versprechen weiter gebunden, zu dem sie inzwischen gar keine Beziehung mehr haben.
Oder einer der Partner hält sich nicht mehr an das Versprechen, spielt dem anderen aber die ewige Treue weiterhin vor. Oder beide halten sich nicht mehr daran, aber keiner getraut sich, es dem anderen einzugestehen.
Es kann auch sein, daß ein Ehemann einige Zeit lang fremdgegangen ist. Er hat es nie seiner Frau erzählt und nimmt auch weiterhin alles auf sich, um es vor ihr geheimzuhalten, weil er meint, sie würde sich dann scheiden lassen, was er keineswegs möchte. Tatsache aber ist, daß seine Frau von diesem Seitensprung längst weiß und ihn durchaus toleriert. Sie ist also viel toleranter, als der Ehemann ahnt.
Trotzdem muß diese Frau mit der ständigen Frage leben: Wenn er über diese längst vergangene und verziehene Sache nicht mit mir redet, was verheimlicht er mir noch? Aus dieser bohrenden Frage und dem gestörten Vertrauensverhältnis können im Laufe der Zeit viel einschneidendere Probleme für die Ehe erwachsen. Um solche und ähnliche Belastungen von vornherein zu vermeiden, sollten rechtzeitig die Grenzen abgesteckt werden. Wenn ich sage »rechtzeitig«, dann ist damit der Idealfall gemeint. Es ist für eine Ehe nie zu spät, eine klärende Standortbestimmung vorzunehmen. Etwa auf folgende Weise:
Statt des voreiligen Schwurs von der ewigen Treue sollte man sich darüber klar sein, daß die Zeiten und Einstellungen und natürlich auch die Gefühle sich ändern. Man sollte daher in aller Offenheit ins Kalkül ziehen, daß jeder Partner sich eines Tages vorübergehend oder ernsthaft in jemand anderen verliebt.
Eingedenk dieser Möglichkeit sollten die Partner vorzeitig die Grenzen bestimmen, wie weit ein solches Verhältnis gehen darf, ohne die Ehe ernsthaft zu gefährden. Diese Grenzen müssen auf die gefühlsmäßige Belastbarkeit der Partner abgestimmt sein. So gibt es beispielsweise Ehefrauen, die es gar nicht sonderlich stört, wenn sie von gelegentlichen

Abenteuern ihrer Männer erfahren. Andere sagen: »Was ich nicht weiß, macht mich nicht heiß.« Wieder andere bestehen darauf, die genau gleiche Toleranz von ihrem Mann erwarten zu können, die sie ihm in diesem Punkt entgegenbringen.
Wichtig ist, daß diese Abmachung ausdiskutiert und schließlich in beiderseitigem Einverständnis beschlossen wird.
Nicht nur in Fragen der Treue und Untreue sollten die Partner rechtzeitig die Grenzen von Freiheit und gegenseitiger Toleranz abstecken. Auch in Bereichen wie: gemeinsamer oder getrennter Urlaub, Aufteilung des Geldes, gemeinsame Einstellung zu Eltern und Schwiegereltern und anderes mehr.
Wichtig ist, daß in möglichst allen Fragen Anfang und Ende des Toleranzspielraums festgelegt werden und daß die Partner sich daran halten. Wenn also von einem der Partner in einer entscheidenden Frage diese Grenze ständig überschritten wird, sollte der andere Partner ohne Verzögerung eine Entscheidung herbeiführen.
Denn nichts zermürbt Menschen so sehr als das Hinausschieben von Lösungen, die unumgänglich geworden sind. Wenn also eine Ehe für einen oder beide Partner ständig mehr Belastung als Freude und Gemeinsamkeit mit sich bringt, sollte es keinen Grund geben, sich auch nur einen Tag länger das Leben zur Hölle zu machen und darauf zu hoffen, daß alles sich irgendwie und irgendwann wieder von selbst einrenken wird.

Vierte Voraussetzung:
Legen Sie die Verhaltensregeln zur Überwindung der unvermeidlichen Krisen fest

Es mag sein, daß manche Krisen in einer Ehe durch die angeführten Hinweise vermieden werden können. Also durch die bewußte Trennung der Bereiche Organisation und Gefühle, durch das allwöchentliche Ausspracheforum und die Abgrenzung der Toleranz. Dennoch sollten die Partner auch ganz konkrete Maßnahmen dafür entwickeln, wie sie sich in Krisen verhalten wollen.
Hier sind einige Möglichkeiten, die sich bewährt haben:

- Man täuscht sich nicht über eine Krise hinweg, sondern spricht sie an. Etwa indem man sagt: »Es tut mir leid, aber seit heute mittag kann ich dich einfach nicht mehr ausstehen.« Oder: »Wie du mich vorhin behandelt hast, hat mich zutiefst verletzt. Ich kann dich nicht mehr sehen.«
- Wichtig ist, daß der andere Partner darauf keinesfalls mit einem Gegenangriff reagiert. Oder damit, daß er die Sache ins Lächerliche zieht.

Er soll vielmehr mit einem Vorschlag antworten. Indem er fragt: »Ich verstehe. Wie lange wird es vermutlich dauern, bis du darüber hinweg bist?« Dann redet man darüber. Vielleicht geht man für einige Zeit eigene Wege und kommt einander möglichst wenig in die Quere. Spätestens beim nächsten Aussprachetermin wird der Fall dann geklärt, wenn er sich nicht bis dahin bereits erledigt hat.

- Eine andere Verhaltensregel, die man gemeinsam für Krisenfälle aufstellt, kann der Vorsatz sein: »In einer Krise darf nichts endgültig festgelegt werden.« Wenn also einer im Zorn sagt: »Ich will dich nie wieder sehen«, oder: »Heute habe ich zum endgültig letzten Mal nachgegeben«, dann soll das keine Bedeutung haben.
- Schließlich gehört hierher auch die schon ausführlich besprochene Regel, keinen Streit in den folgenden Morgen hineinzutragen.

Fünfte Voraussetzung:
Der »Katastrophenplan« sollte in jedem Nachttisch liegen

Der »Katastrophenplan«, das ist die gemeinsame Abmachung darüber, nach welchem Modus man die Ehe trennt, wenn sie unter keinen Umständen mehr zu retten ist. Über diesen Fall sollte von Anfang an Klarheit herrschen. Diese Regelung kann in einem Ehevertrag bestehen, wie ihn manche Leute schließen, oder in einer anderen Form von Vereinbarung. Was dabei beachtet werden sollte, sind folgende Fragen:

- Die Aufteilung des Vermögens und Besitzes.
- Wer bleibt in der Wohnung, wer zieht aus?
- Die Kinder und was mit ihnen nach der Trennung geschehen soll. Wenn die Kinder alt genug sind, sollte dieser Punkt nicht über ihre Köpfe hinweg beschlossen werden. Sie sollten erfahren, warum diese Dinge gerade jetzt und in welcher Absicht besprochen werden.

Die fünf auf den vorangegangenen Seiten besprochenen Voraussetzungen dafür, eine Ehe zu planen und zu organisieren, sollten dazu beitragen, diese Institution des Zusammenlebens ein wenig von ihrer Illusion und Romantik zu befreien. Viel Bitterkeit und Streit kann vermieden werden, wenn über die in einer Ehe wirklich wichtigen Probleme rechtzeitig Klarheit geschaffen wurde. Niemand sollte sich daran hindern lassen, etwa durch das Argument: »Über so etwas redet man doch nicht.«
Man redet angesichts des Traualtars nicht über die Aufteilung des Geldes, sondern tut so, als gebe es dieses Problem in der Ehe nicht. Oder man versteigt sich überhaupt zu der Annahme, die Liebe zueinander könne so profane Fragen gar nicht erst aufkommen lassen. Mancher, der sich dar-

auf verließ, erfuhr spätestens bei seinem Scheidungstermin, wie schnell die Liebe zum Geld die Liebe zum Partner überschatten kann. Man redet vor der Heirat nicht über die Möglichkeit, daß man sich eines Tages auch wieder trennen könnte. Die Formel lautet zwar »Bis der Tod euch scheidet«, aber durch sie werden wohl nur die oft kleinlichen Ursachen verschleiert, die zu Scheidungen führen.

Um das Gesagte also auf eine ganz einfache Formel zu bringen: Je mehr zwei Menschen vor ihrer Ehe erkannt, vereinbart und festgelegt haben, um so mehr werden sie darauf vorbereitet sein, die Probleme zu überwinden, die sich nicht vermeiden lassen.

Wer schon länger verheiratet ist, wird vermutlich aus eigener Erfahrung wissen, welche Fehler er bisher gemacht hat. Vielleicht sind einige der hier gegebenen Hinweise für ihn eine Anregung, in Zukunft einiges besser zu machen.

Eine Zusammenfassung, ehe Sie weiterlesen

In der siebten Lektion war von den Gefühlen die Rede und wie wir sie in unser Leben einordnen sollten. Was darüber gesagt wurde, kann natürlich nur höchst unvollständig sein. Manche der Hinweise mögen auf Sie zutreffen, andere weniger. Hier sind die wesentlichsten zur Erinnerung noch einmal zusammengefaßt:

1. Erwarten Sie nicht von der Liebe etwas, was sie nicht vermag. Wenigstens nicht allein. Versuchen Sie vielmehr, Ihre Gefühle mit der Vernunft in harmonischen Einklang zu bringen.
2. Setzen Sie die Vernunft nicht ausschließlich dafür ein, die Gefühle zu unterdrücken, sondern vorwiegend dafür, sie besser entfalten und freier genießen zu können.
3. Suchen Sie einen Weg, Ihre Gefühle durch rechtzeitige Planung von den Belastungen freizuhalten, die der Alltag mit sich bringt. So können Sie verhindern, daß der Alltag mit seinen kleinlichen Problemen die Gefühle erdrückt.
4. Lassen Sie die »Liebe« niemals als Entschuldigung gelten, nur weil Sie zu bequem sind, vernünftig zu handeln.
5. Betrachten Sie die Ehe nicht als romantisches Paradies, in dem es völlig genügt, daß die Partner sich nur wirklich lieben. Die Liebe allein vermag nichts, wenn ihr Wirken nicht durch einen vernünftigen Verhaltensrahmen abgesichert ist.

Achte Lektion

In dieser Lektion geht es darum, Ihre Aufmerksamkeit auf drei Zeitbegriffe zu lenken und zu erkennen, in welchem Zusammenhang sie miteinander stehen. Gemeint sind der Augenblick, der Tag und das Leben. Viele Menschen haben in der Hektik ihres Alltags verlernt, mit diesen Zeitbegriffen in Harmonie zu leben.
Tatsache ist:

- Wir fällen unsere Entscheidungen nicht in Tagen oder in Wochen, sondern immer nur in winzigen Augenblicken.
- Wir vergeuden viel Zeit mit der Hoffnung auf ein besseres Morgen oder mit der Erinnerung an das Gestern. Statt jeden Tag zu einem glücklich verlebten Teil eines glücklichen Lebens zu machen.
- Glücklich leben aber kann nur jemand, der eine konkrete Vorstellung seines Lebens hat. Diese Vorstellung dient als Richtlinie dafür, wie er sich in jedem Augenblick entscheiden und an jedem Tag verhalten soll.

Eine richtige Einstellung und konkrete Lebensvorstellungen sind die Voraussetzung für ein glückliches Leben. Genauso wichtig aber ist es, die Technik zu kennen, wie wir Trägheit und Zweifel überwinden und das in die Tat umsetzen, was wir uns vorgenommen haben.
Dazu finden Sie in dieser Lektion folgende vier Regeln:

1. Die konkrete Zielvorstellung.
2. Der Fortschritt in kleineren Schritten.
3. Die Entschlossenheit zu unbegrenzter Ausdauer.
4. Die Überwindung zur kleinen Steigerung.

Entdecken Sie wieder den Tag und den Augenblick als wichtige Bestandteile Ihres Lebens, statt sich von der Hektik mitreißen zu lassen

Viele Menschen möchten manches in ihrem Leben ändern. Sie tun es nicht, weil sie meinen, sie hätten keine Zeit dafür. Viele Menschen möchten ihrem Leben mehr Sinn geben. Sie meinen, der beste Weg wäre der, mehr zu tun als vorher. Als ob mehr Leistung, mehr Besitz, mehr Bildung oder auch ein längeres Leben daran etwas ändern könnten, ob wir glücklich sind oder nicht. Entscheidend dafür ist vielmehr, was wir aus jener Zeit machen, die uns zur Verfügung steht.
Den meisten von uns ist sie ständig zu kurz, weil uns zwei wichtige Voraussetzungen zu ihrer Einteilung fehlen: die richtige Einstellung und die richtige Technik.
Wenn wir Überlegungen über die Einstellung zum zeitlichen Ablauf unseres Lebens anstellen, kommen wir zu folgenden Schlußfolgerungen:

1. Es wäre sinnvoll, den ersten Teil unseres Lebens dafür zu verwenden, uns und unsere Welt zu entdecken und zu lernen, wie wir später aus unserem Leben das Beste für uns herausholen.
2. Es folgt dann eine Periode, in der wir mit Hilfe des Gelernten das aufbauen, was unseren Lebensvorstellungen am besten entspricht.
3. Wenn das geschehen ist, folgt die abschließende Periode, in der wir dem Leben mit dem Erarbeiteten die maximale Freude abgewinnen.

Ungefähr so könnte das Grundgerüst des Planes für unser Leben aussehen. Wer solche Vorstellungen hat, der kann daraus ein hohes Maß an Sicherheit für sich gewinnen. Er hat einen eigenen Zeitbegriff und braucht sich nicht hilfesuchend von der Hektik unserer Zeit mitreißen zu lassen.
Wer von dieser Dreiteilung des Lebensablaufs in seinen Überlegungen ausgeht, kann sie allerdings nur dann realisieren, wenn er sich mit ihr immer stärker identifiziert und wenn er die Disziplin erlernt, all das zu befolgen, was sich aus den Zielvorstellungen ergibt.
Die Hektik, in der so viele Menschen leben, entsteht zu einem großen Teil aus der ständigen Unsicherheit, sie könnten irgend etwas im Leben versäumen. Hinzu kommt ein Überangebot an Versprechungen für ein glückliches Leben. Schon längst wissen wir nicht mehr, was davon für uns wichtig ist und wofür wir keine Sekunde Zeit vergeuden sollten. Es sind unter anderem Angebote wie diese:

- Glücklich kannst du nur leben, wenn du alle Regeln und Normen der Gesellschaft befolgst, ob sie dir passen oder nicht.
- Tue Gutes für andere, sonst bist du kein guter Staatsbürger.
- Mach dir das Leben so bequem wie möglich. Kaufe ein, auch wenn du erst später bezahlst.
- Du mußt dich auf die Vertreter des Staates und auf andere Autoritäten wie Lehrer, Polizei, Richter, Ärzte verlassen. Tue, was sie dir sagen, ohne Widerrede, denn du hast doch keine Ahnung.

Ein weiteres Moment der verworrenen Einstellung zu den ganz natürlichen Begriffen unseres Lebens ist die Hilflosigkeit, mit der so viele Menschen ihre Sehnsüchte stillen wollen. So suchen sie beispielsweise ihr Lebensglück, indem sie ihre Zeit damit vergeuden, das nachzuahmen, was angeblich andere Leute glücklich macht. Statt erst einmal zu erkennen, welche Vorstellung sie von ihrem eigenen Leben haben. In der oberflächlichen Suche nach dem Glück leben viele Menschen nach dem Prinzip: »Ich will jeden Augenblick meines Lebens genießen.« Ein durchaus verständlicher Wunsch. Er kann sich allerdings niemals erfüllen, wenn dafür nicht die richtigen Voraussetzungen geschaffen wurden.

Wie sollte es auch möglich sein, jeden einzelnen Augenblick seines Lebens zu genießen, wenn man keinen einzigen Augenblick dafür verwendet hat, die Voraussetzungen dafür zu schaffen. Schließlich kann nichts genossen werden, was es noch nicht gibt. Andere Menschen wieder laufen ständig der Zufriedenheit davon, die ihnen schaffen könnte, was sie bereits besitzen. Aber kaum haben sie etwas erreicht, halten sie schon wieder eifrig nach Neuem Ausschau, das noch größer, noch besser und noch neuer ist. Auf diese Weise wird ihr Leben zur ununterbrochenen Jagd.

Wir können diesem Kreislauf des permanenten hektischen Wettrennens vermutlich nur entkommen, wenn wir unsere eigene zeitliche Ordnung finden, in die alle Zusammenhänge harmonisch eingebettet sind.

In der Praxis kann das beispielsweise so aussehen:

- Ein Mann, den wir Karl nennen wollen, ist 32 Jahre alt. Er möchte mit 42 alle Voraussetzungen geschaffen haben, die es ihm ermöglichen, weniger zu arbeiten, möglichst nur das zu tun, was ihm wirklich Freude macht, und sich seine Zeit vorwiegend selbst einzuteilen.
- Diese Vorstellung bestimmt den zeitlichen Ablauf der folgenden zehn wichtigen Jahre seines Lebens. Er kann ein Stück Papier nehmen und den Ablauf, die Phasen der Umstellung und die Verhaltensmaßstäbe für diese Zeit planen, wie der Architekt den Plan für ein Haus entwirft, nach dem es dann Etage für Etage gebaut wird.
- Nehmen wir an, Herr Karl will mit 42 Jahren ein kleines Bauernhaus auf dem Lande besitzen, Kartoffeln anbauen, den Acker bestellen, Tiere halten, sein eigenes Gemüse ziehen und ähnliches mehr.

- Er rechnet sich also aus, was er dafür braucht, wie er es beschaffen kann, welche Sicherheiten er hat und auf welches Risiko er sich einläßt.
- Wenn die Details seines Planes fertig sind, kann er daraus ableiten, wie er sich die Zeit einteilen muß, um das Ziel termingerecht zu erreichen. Aus einer großen Zielvorstellung für sein Leben leitet sich ab, was er an jedem einzelnen Tag dafür tun muß und welche Entscheidungen in jedem Augenblick dafür erforderlich sind.

Es geht dabei um jene Augenblicke, deren Bedeutung uns oft gar nicht bewußt ist. Die Augenblicke, in denen wir das »Ja« oder »Nein« sagen, das vielleicht über unser Leben an diesem Tag für einen ganzen Monat oder für viele Jahre entscheidet. Oder in denen sich entscheidet, ob wir das, was wir tun möchten, auch wirklich tun. Denn nicht selten erliegen wir in solchen Augenblicken der Entscheidung den Zweifeln und der Unklarheit über unsere Zielsetzungen oder einfach der Trägheit, und keine unserer schönen Vorstellungen wird verwirklicht. Weil wir die Technik nicht beherrschen, im richtigen Augenblick das Richtige zu entscheiden oder zu tun.

Wenn beispielsweise unser Herr Karl im Verlaufe der zehn Jahre eines Tages vor der Entscheidung steht, ob das neue Auto, das er sich kaufen will, aus Prestigegründen ein wenig größer und teurer als unbedingt erforderlich sein soll oder nicht, dann muß er sich sagen: »Mein Ziel ist das Bauernhaus. Dafür brauche ich vordringlich mein Geld. Jede Ausgabe aus Prestigegründen wäre falsch.«

Wenn also seine Zielvorstellung stark genug in ihm verankert ist, stärker als Zweifel und Verlockungen, wird er im Augenblick der Entscheidung genau wissen, was zu tun ist. Ungezählte Menschen hegen ähnliche Zukunftsträume und kommen doch niemals ans Ziel. Ihr Plan ist gut, ihre Begeisterung ist groß, ihre Berechnungen vielversprechend. Aber sie scheitern daran, daß sie nicht imstande sind, ihre schönsten Vorstellungen in den kleinsten für die Verwirklichung wichtigsten Lebenseinheiten zu verankern.

Ihre Pläne sind zwar für Jahre oder für ein ganzes Leben gemacht. Doch sie scheitern bei der Verwirklichung an jedem einzelnen Tag. Und wenn es in den Augenblicken der Entscheidung darauf ankommt, auf eine Sache zu verzichten und etwas anderes zu tun, das der Verwirklichung des Zieles dient – dann fehlt diesen Menschen die Kraft zur richtigen Entscheidung.

Wenn Sie übrigens meinen, das vorhin geschilderte Beispiel des Herrn Karl sei von mir frei erfunden, irren Sie. Diesen Mann gibt es. Er war mit 32 Jahren ein unbedeutender kaufmännischer Angestellter in einem Riesenunternehmen. Ein nicht gerade gut bezahlter Niemand. Eingezwängt

zwischen die zeitlichen Erfordernisse seiner Firma und die gesellschaftlichen Klischees der Kreise, in denen er lebte.
Dieser Niemand beschloß eines Tages, aus allen diesen Zwängen auszubrechen und auf dem Land zu leben. Heute, vierzehn Jahre später, bebaut er ein paar Kilometer von unserem eigenen Bauernhaus entfernt seine Äcker. Seine Frau unterrichtet in der nächsten größeren Stadt in einer Mädchenschule. Beide haben ihre Entscheidung bisher nicht bereut. Ich gebe gern zu, daß ich selbst unter den Voraussetzungen dieses Herrn Karl das Risiko nicht auf mich genommen hätte.

»Wer sein Leben nicht an jedem Tag bewältigt, der bewältigt es auch in 100 Jahren nicht.«

Die Menschen sind erstaunlich erfinderisch, wenn es gilt, den unbequemen Erfordernissen des Tages auszuweichen. Ein großer Teil der Hektik und Oberflächlichkeit unseres Lebens ist wahrscheinlich darauf zurückzuführen, daß wir zu viel an Selbstvertrauen verloren haben.
Wir wissen ganz genau, was wir tun sollten, aber unsere Einsicht ist zu schwach, als daß sie uns aus der Trägheit locken könnte. Wir tun das Notwendige also nicht, sondern finden lieber ein bequemes Alibi. Ich kenne Hunderte solcher Alibis. Eigene und von anderen Leuten. Hier einige wenige:

- Ich bin so beschäftigt, daß ich für das, was ich wirklich gerne tun möchte, keine Zeit habe.
- Ich habe in jungen Jahren große Pläne gehabt, aber damals fehlte mir leider das Geld.
- Ich habe in meinem Leben vieles falsch gemacht. Aber mich jetzt noch zu ändern – dafür bin ich schon zu alt.
- Ich wüßte schon, was ich möchte, aber ich kann es mir einfach nicht leisten.
- Wenn man erst einmal eine Familie hat, muß man seine Jugendträume begraben.
- Meine gesellschaftlichen Verpflichtungen lassen mir für meine liebsten Hobbies kaum mehr Zeit.
- Nach einem Tag im Büro bin ich so geschafft, daß ich zu nichts mehr Lust habe.

Und so weiter und so weiter.
Ich will nicht behaupten, daß wir allein schuld an diesem »Leben in Alibis« sind. Wir sind von Kind an dazu erzogen worden und werden es heute noch. Wenn wir uns davon befreien wollen, bleibt uns nichts anderes übrig, als uns selbst zu helfen. Weil schließlich ja niemand daran interessiert ist, daß wir uns selbständig machen. Alle sind nur daran interessiert, daß wir bequem sind und es auch bleiben.
Denn bequeme Menschen sind leichter zu beeinflussen. Sie sind brave Bürger. Man braucht ihnen nur zu sagen, zu welchem Zeitpunkt was für sie richtig ist, dann befolgen sie es, ohne viel nachzudenken.
Eine Auswirkung dieser Lebenseinstellung ist es, daß wir nicht mehr bewußt im Heute leben. Wir leben mit unseren Vorstellungen lieber dort, wo es möglichst wenige konkrete Probleme zu lösen gibt.

- Wir denken an die guten alten Zeiten, in denen angeblich noch alles in bester Ordnung war.
- Wir denken voll Hoffnung an morgen und übermorgen, da dann für uns sicherlich alles ganz von selbst besser geworden ist.
- Wir leben mit unseren Alibis in Zeiten und an Orten, an denen sich gerade auch unsere Helden befinden, in die wir uns so gerne hineinversetzen und mit denen wir lieben und leiden und siegen können. Die Helden von Film und Sport, aus Büchern und Illustrierten.

Wer auf das Morgen hofft und vom Gestern träumt, erfüllt damit alle Erfordernisse, um der Realität des Heute aus dem Wege zu gehen. Allerdings auch der Realität der Zufriedenheit, des Glücks und eines erfüllten Lebens. »Heute«, sagen ungezählte Menschen, »bin ich zu müde. Aber morgen geht es dann richtig los.«

Morgen aber ist wieder ein Tag unseres Lebens versäumt – der heutige Tag. Niemand kann das Versäumte nachholen, wenn er den Forderungen des neuen Tages gerecht werden will.

Ich selbst bin in den Jahren, seit ich mich mit diesem Problem beschäftige, zu dem Schluß gekommen, daß sich unser ganzes Leben in irgendeiner Weise an jedem einzelnen Tag vollziehen muß. Das große Ziel, das wir für unser gesamtes Leben haben, muß sich an jedem Tag ein klein wenig erfüllen. An jedem Tag müssen wir ein Stück mit dem, was wir vom Leben erwarten, weiter vorankommen. Seither versuche ich nach der Vorstellung zu leben: »Wer sein Leben nicht an jedem Tag bewältigt, der bewältigt es auch in 100 Jahren nicht.«

Als mir die Bedeutung jedes Tages für mein gesamtes Leben erst einmal klar geworden war, bewirkte das für mich eine grundlegend neue Einstellung zu vielerlei Dingen.

Vorerst bewirkte es, daß es für mich keine Entschuldigung mehr geben konnte, heute nicht das zu tun, was heute getan werden mußte. Dann wurde mir klar, daß ich mir so etwas wie einen ganz klar abgegrenzten geistigen Rahmen dafür schaffen mußte, wie ich jeden Tag leben wollte. Einen Rahmen, der Anfang und Ende enthielt, Plan und Kontrolle, Leistung und Stillhalten, Arbeiten und Genießen.

Schließlich, nachdem ich mir über Einstellung, Plan und Theorie klargeworden war, mußte ich mir auch das erforderliche Instrumentarium schaffen, um jedem Tag auch tatsächlich so viel Erfüllung abringen zu können, wie ich vorhatte. Je mehr ich über alle diese Dinge nachdachte, um so erstaunlicher wurden die Folgerungen, die sich aus meiner ursprünglichen Entscheidung ergaben. Da war beispielsweise auch die Folgerung: »Wenn du jeden einzelnen Tag als eine Projektion deines gesamten Lebens betrachtest, dann mußt du auch an jedem Tag so leben, als wäre es dein letzter.«

Daraus wieder entstand für mich eine neue und ziemlich konkrete Vorstellung über Sterben und Tod, über Leiden und Krankheit. Alles Bereiche, in denen ich vorher der Einfachheit halber jene Klischeevorstellungen blind und kritiklos übernommen hatte, die man halt allgemein so darüber hat. Es dauerte einige Jahre, bis ich mir über diese Fragen einigermaßen im klaren war. Ich schrieb meine Gedanken auf und begann, meinen konkreten »Lebensplan« aufzustellen, der für mich inzwischen zu einem persönlichen Nachschlagewerk für mein richtiges Verhalten geworden ist. Jedenfalls konnte ich mir eines Tages sagen: »Wenn ich für jeden Tag einen Plan habe, der genau meine Vorstellungen enthält und der auf meine Möglichkeiten Rücksicht nimmt, dann brauche ich nie wieder Angst zu haben, irgend etwas zu versäumen.« Ich brauche deshalb auch nicht mehr hektisch neuen Vorstellungen nachzujagen, die uns ständig angeboten werden. Ich habe meine eigenen. Sie sind haargenau auf mich zugeschnitten.
Sollte beim Leser nach diesen Zeilen der Eindruck entstanden sein, ich sei inzwischen auf dem Gebiet der Bewältigung meines eigenen Lebens so etwas wie ein vollkommener Meister, dann muß ich diese Ansicht unbedingt korrigieren. Ich bin es natürlich nicht. Es stört mich allerdings auch nicht sehr. Denn ich habe inzwischen etwas anderes gelernt. Ich habe gelernt, daß die Meisterschaft in der Kunst des richtigen Lebens der täglichen ernsthaften Übung bedarf.
Und ich habe vor, mich bis zum letzten Tag meines Lebens darin zu üben und zu vervollkommnen. Je mehr wir uns darin üben, daran besteht kein Zweifel, um so stärker wird die Kraft in uns, immer besser nach unseren Vorstellungen leben zu können. Mit jedem glücklichen Tag nimmt unser Selbstvertrauen zu. Wir brauchen keine Alibis und Ersatzbefriedigungen mehr, weil wir imstande sind, die Realität des Heute zu bewältigen, vor der wir so lange davongelaufen sind.

Zwei unersetzliche Grundlagen, so haben wir wiederholt festgestellt, sind für die Verwirklichung unserer Lebensvorstellungen notwendig. Erstens die richtige Einstellung und zweitens die Beherrschung der Technik, wie man seine Vorhaben in die Tat umsetzt.
Wenn wir also unseren Plan haben und wissen, was wir wollen, wenn wir wissen, wie unser Leben aussehen soll, und festgelegt haben, wie wir diese Lebensvorstellung in kleinen Schritten an jedem Tag verwirklichen können, dann stellt sich die Frage: Wie schaffen wir das alles in der Praxis? Wie bringen wir uns dazu, tatsächlich zu tun, was wir uns vorgenommen haben?
Wir sollten uns vorerst daran erinnern, auf welche Weise das autogene Training und die formelhafte Vorsatzbildung uns dabei entscheidend unterstützen können. Wir wissen, daß wir diese Technik der Selbstbeeinflussung nicht erst anwenden dürfen, wenn wir sie gerade brauchen. Wie manche Gläubige mit dem lieben Gott immer erst dann in Verbindung treten, wenn sie bereits in größten Schwierigkeiten sind und seiner Hilfe bedürfen. Das autogene Training muß an jedem Tag praktiziert werden. Die Vorsätze müssen regelmäßig in unser Unterbewußtsein und in unsere Phantasie verankert werden. Damit sie dann, wenn es erforderlich ist, ganz automatisch wirksam werden. Das ist die Grundlage des Übungsprinzips: Wir müssen alles, was wir erreichen wollen, in uns verankern, und wir müssen es täglich üben.
Beschäftigen wir uns nun mit vier weiteren wichtigen Regeln für die praktische Verwirklichung unserer Vorstellungen. Regeln, die das Übungsprinzip vervollständigen.

Erste Regel: Die konkrete Zielvorstellung

Je unbestimmter eine Zielvorstellung in Ihnen vorhanden ist, um so schwieriger wird ihre Verwirklichung sein. Wenn Sie sich, um ein Beispiel zu nennen, als Programm für Ihre Körperertüchtigung vornehmen, jeden Morgen Gymnastik zu machen, dann genügt es nicht zu sagen: »Ab morgen früh beginne ich mit meiner Gymnastik.«
Überlegen Sie sich genau, welche Art von Übungen Sie machen wollen. Mit welcher Sie anfangen, wie oft Sie jede Übung machen und wo sie ge-

macht werden soll. Am besten ist, Sie schreiben sich die Übungen auf einem Blatt Papier auf und gehen morgens nach dieser schriftlichen Anleitung vor. Diese Konkretisierung unseres Vorhabens bis ins kleinste Detail hat verschiedene Vorteile. Einmal führt es dazu, daß wir uns geistig ausführlich mit dem Problem beschäftigen. Diese Beschäftigung wiederum ist bereits der Beginn der Verankerung. Schließlich hindert uns solch ein konkreter Detailplan zum Zeitpunkt der Verwirklichung daran, alle möglichen Ausflüchte zu gebrauchen.

Zur konkreten Zielvorstellung gehört es, den genauen Termin festzulegen und diesen Termin von Anfang an außer Frage zu stellen. Wenn wir also sagen: »Ich beginne mit meiner Frühgymnastik täglich außer sonntags um sieben Uhr fünfzehn und nichts kann mich davon abhalten«, dann ist das besser, als wenn Sie sich vornehmen: »Morgen früh nach dem Aufstehen mache ich Gymnastik.«

Zweite Regel: Der Fortschritt in kleinen Schritten

Oft scheitert ein Vorhaben deshalb schon vorzeitig, weil wir zu Beginn in unseren überschwenglichen Erwartungen enttäuscht wurden. Wir hatten uns zu viel zugemutet.

Wenn wir, um beim Beispiel Morgengymnastik zu bleiben, unser Programm mit dreißig Liegestützen täglich beginnen, dann ist die Gefahr groß, daß wir vorzeitig aufgeben. Am nächsten Tag wird uns vermutlich ein böser Muskelkater plagen und uns zu der Entschuldigung verleiten: »Ach was, mir tun die Arme so weh, heute lasse ich den ganzen Frühsport aus.« Wenn Sie in einem so frühen Stadium dieser Versuchung nachgeben, ist Ihr ganzes Vorhaben in Gefahr.

Gehen Sie deshalb in kleinen, vorher wohlüberlegten Schritten vor. Machen Sie gerade so viele Übungen, daß Sie das Gefühl haben, etwas getan zu haben. Sie sollen nachher nie das Gefühl verspüren, sich überanstrengt zu haben. Es soll Spaß machen.

Auf diese Weise soll dem Nörgler in uns von vornherein das Argument entzogen werden: »Hör doch auf mit dieser sinnlosen Quälerei. Andere machen es auch nicht und sind trotzdem gesund.« Oder: »So eine Anstrengung an jedem Tag, das hältst du ja doch nicht durch. Wozu denn das alles.«

Lassen Sie mich Ihnen erzählen, wie mir diese Methode des Fortschritts in kleinen Schritten dabei hilft, eines meiner täglichen Probleme zu bewältigen. Ich meine das Aufstehen an jedem Morgen.

Ich bin offensichtlich von Natur aus ein Abendmensch, was in meinem Fall gleichbedeutend ist mit einem Morgenmuffel. Es macht mir nichts

aus, mich kurz vor Mitternacht noch an meinen Schreibtisch zu setzen und bis zwei Uhr zu arbeiten. Dafür macht mir zeitlebens das Aufstehen morgens große Schwierigkeiten. Vermutlich ist mein Kreislauf daran schuld. Er scheint eine besonders lange Anlaufzeit zu haben. Aber die Methode der kleinen Schritte hilft mir immer wieder, ihn zu überlisten.
Wenn ich morgens aufwache, denke ich zuerst einmal: »So, jetzt ein Sprung aus dem Bett und mit der Morgengymnastik angefangen, damit dein Kreislauf in Schwung kommt.« Das, wie gesagt, ist mein erster Gedanke. Aber schon mein zweiter ist: »Ach was, bleib doch noch ein paar Minuten liegen. So wichtig ist das alles gar nicht.« Und weil ich es dann oft doch nicht schaffe, mit dem berühmten elastischen Sprung aus dem Bett zu kommen, greife ich zu einem kleinen Trick.
Ich nehme beide Arme unter der Decke hervor und hebe sie ausgestreckt etwa zwanzig Zentimeter hoch. Dann balle ich die Finger zu Fäusten, strecke sie wieder aus, balle sie, und so weiter. Das Ganze dreißigmal. Wenn ich diese Übung erst einmal angefangen habe, weiß ich mit Sicherheit, daß ich nach dem dreißigsten Ballen meiner Finger aus dem Bett springe. Die Übung scheint meinen Kreislauf anzukurbeln. Und sobald einmal das Trägheitsmoment überwunden ist, haben auch meine Zweifel und Ausreden keine Chance mehr. Noch während des Übens sage ich mir: »Mensch, heute hast du es doch wieder geschafft«, und das gibt mir ein gutes Gefühl.

Dritte Regel: Die Entschlossenheit zu unbegrenzter Ausdauer

Bei allem, was wir uns angewöhnen, abgewöhnen oder längere Zeit regelmäßig üben wollen, unterliegen wir in bestimmten Zeitabständen mehr oder weniger schweren Krisen. Wir sind zu Bequemlichkeit und Abhängigkeit erzogen. Wenn wir in Schwierigkeiten sind, erwarten wir, daß uns jemand hilft. Unsere Widerstandskraft ist nicht trainiert. Im Gegenteil. Wir gehen selbst kein Risiko mehr ein, sondern erleben im Fernsehen aus zweiter Hand, wie andere etwas riskieren. Das Prickeln, das wir dabei verspüren, genügt uns vollauf als Abenteuerersatz. Wir brauchen auch keine Ausdauer mehr, weil wir in unserem Zeitalter des Wohlstands jederzeit aus einem Wagnis aussteigen können. Es kann uns ja nichts passieren. Für alles gibt es einen Ersatz. Für die eigene Erfahrung des Glückserlebnisses allerdings oder für das eigene Glück gibt es keinen wie immer gearteten Ersatz.
Wer es erlangen will, muß eine eindeutige Entscheidung fällen. Er muß sich bei der Verfolgung seines Vorhabens zur unbegrenzten Ausdauer entschließen.

Mir selbst war dies in seiner ganzen Bedeutung klargeworden, als ich mir mit Hilfe des autogenen Trainings das Rauchen abgewöhnte. Vielleicht erinnern Sie sich noch:
Ich sagte mir Monate hindurch täglich im autogenen Training den Vorsatz vor: »Rauchen ist völlig gleichgültig.« Aber meine Bemühungen blieben ohne Erfolg, weil ich in meinem auf Leistung trainierten Unterbewußtsein erwartet hatte, es würde sich schon nach kürzester Zeit ein Erfolg einstellen. Als diese Erwartung nicht eintrat, war ich selbstverständlich enttäuscht. Ich neigte wie viele Menschen dazu, mir zu sagen: »Ach was, hör auf damit. Du hast dich ja redlich bemüht. Du hast alles getan, was man tun kann. Du schaffst es eben nicht.« Das heißt, ich war in Versuchung, meine Bequemlichkeit zu akzeptieren. Und nicht die Erreichung des Zieles. Wer aber eine Vorstellung ernsthaft verwirklichen will, darf nicht von vornherein sagen: »Ich gebe mir soundsoviel Zeit, dann gebe ich auf.« Er muß sich vielmehr dazu entschließen, so lange weiterzumachen, bis die Vorstellung verwirklicht ist. Sagen Sie deshalb nicht: »Ich mache jetzt mal ein bißchen Morgengymnastik. Doch wenn ich nach vierzehn Tagen nicht stark, gesund und fit bin, hat es keinen Sinn.«
Entscheiden Sie sich vielmehr für die unbegrenzte Ausdauer. Als ich mir das Rauchen abgewöhnte, sagte ich mir: »Ich behalte meine Formel gegen das Rauchen bei, und wenn es noch zehn Jahre dauern sollte. Und es ist mir ganz egal, ob der Erfolg morgen, nächsten Monat, nächstes Jahr oder sonst irgendwann eintritt.«
Damit machte ich mich erst einmal vom Erfolgszwang frei, der die Wirkung meines autogenen Vorsatzes so lange verhindert hatte. Auch sonst war durch diese Entscheidung für mich alles klar: Ich würde so lange regelmäßig üben, bis sich ein Erfolg einstellt.
Wie Sie ja wissen, stellte er sich nach einem Jahr tatsächlich ein.
Die Entschlossenheit für die unbegrenzte Ausdauer befreit uns von der Verkrampfung. Sie bewahrt uns vor Selbstmitleid. Wir können einfach nicht mehr sagen: »Jetzt versuche ich es schon so lange. Es hat ja doch keinen Sinn.«
Worauf wir uns ausschließlich konzentrieren sollten, ist nicht die ungeduldige Erfolgserwartung, sondern die Regelmäßigkeit des Übens. Denn je länger wir üben, um so geringer werden die Widerstände, während im gleichen Maße die Widerstandskraft zunimmt.
Die Entscheidung für die unbegrenzte Ausdauer mindert die Versuchung, unser Vorhaben aufzugeben, wenn sich nicht schnell genug unsere meist hochgeschraubten Erwartungen erfüllen.

Wenn Sie eine Übung lange genug gemacht haben, stellt sich eine gewisse Routine ein. Wir werden nachlässig. Der Anreiz geht verloren. Deshalb müssen wir ständig bestrebt sein, unserem Vorhaben einen erkennbaren Sinn zu geben.

Eine Methode, dies zu erreichen, ist die Überwindung zur kleinen Steigerung. Wenn Sie also bei Ihrer Morgengymnastik mit fünf Liegestützen anfangen, weil Sie die ohne große Anstrengung schaffen, dann sollten Sie die Anzahl erhöhen, sobald Sie Ihre Kräfte wachsen fühlen.

Wir neigen bei vielen Dingen dazu, unsere Fähigkeiten maßlos zu unterschätzen. Und warum? Weil wir niemals ausprobieren, wozu wir wirklich imstande sind. Ich erlebe immer wieder an mir selbst, was man vermag, sobald man sich dazu entschließt, etwas auszuprobieren, was wir uns in der uns anerzogenen Unsicherheit nicht zugetraut hätten.

Genauso wie wir sagen: »Wenn ich krank bin, kann mir nur ein Arzt oder ein Medikament helfen«, genauso leben viele Menschen mit der Einstellung: »Ich bringe nur etwas zustande, wenn jemand mit der Peitsche hinter mir steht.«

Ich finde, es wird Zeit, daß wir uns von solchen inneren Hemmungen befreien und uns immer dann, wenn wir sagen möchten: »Das kann ich nicht«, zu einer kleinen Steigerung überwinden. Sie werden sehen, welch erstaunliche Erfahrungen Sie dabei machen. Mir jedenfalls geht es so.

Als mir vor ein paar Jahren ein Tischler erklärte, ich müßte mindestens sechs Monate auf einen Bauerntisch warten, den ich bei ihm bestellen wollte, da entschloß ich mich, mir diesen Tisch selbst zu basteln. Mein Sohn und ich machten uns an die Arbeit und schafften es an drei Wochenenden. Es mag sein, daß dieser Tisch nicht gerade ein Ausstellungsstück ist. Aber Besucher in unserem Haus glauben stets, der Tisch sei gekauft. Doch ist das nicht wichtig. Wichtig ist, daß er voll und ganz seine Funktion erfüllt.

Mein Sohn und ich jedenfalls sitzen gerade in diesen Tagen ständig beisammen und zeichnen an den Entwürfen für die gesamte Einrichtung meines Arbeitszimmers in unserem Bauernhaus. Wir werden sie selbst zusammenzimmern.

Ein anderes für mich sehr eindrucksvolles Erlebnis hatte ich vor einigen Jahren. Ich interessierte mich damals gerade sehr für fernöstliche Techniken der Selbstverteidigung. Weniger, weil ich imstande sein wollte, jemanden aufs Kreuz legen zu können, wenn er mich angriff, sondern um zu sehen, wie es um meine körperliche Fitness stand.

Ich ging also zu einem Trainer, der Leibwächter ausbildete. Bei jedem Training wärmten wir uns vorher zwanzig Minuten auf. Dazu gehörte

es anfangs, fünfzehn Liegestütze zu machen. Das war das Äußerste, was ich damals zuwege brachte. Mit einiger Mühe, wie ich zugebe. Eines Tages sagte der Trainer: »So, heute machen wir statt fünfzehn Liegestütze dreißig.« Ich dachte, das würde ich nie im Leben durchhalten. Ich dachte auch an die Folgen meines Versagens. Was würden die anderen, die jüngeren sagen?
Aber als ich meine Arme in dem durch Zurufe des Trainers vorgegebenen Rhythmus beugte und streckte, da schaltete ich alle Gedanken aus. Ich schloß die Augen und schaltete ab. Ich ließ meinen Körper gewähren.
Heute mache ich jeden Morgen fünfzig Liegestütze, obwohl ich inzwischen noch ein paar Jahre älter geworden bin. Ich wüßte nicht, daß ich es kann, wenn mich damals nicht dieser Trainer dazu gebracht hätte, ein bißchen mehr aus mir herauszuholen, als ich mir zugetraut hätte.
Dieses »Bißchen-Mehr« gibt unserem Üben mehr Sinn. Es vermittelt uns jeweils ein Stück mehr Selbstvertrauen und Ermunterung zum Weitermachen.

Eine Zusammenfassung, ehe Sie weiterlesen

In dieser Lektion fanden Sie manches, von dem schon früher ausführlich die Rede war. Die Notwendigkeit konkreter Lebensvorstellungen zum Beispiel. Oder die Regelmäßigkeit und Ausdauer beim Einüben von Vorstellungen, die wir verwirklichen möchten. Davon war bereits bei der Behandlung des autogenen Trainings gesprochen worden.
Im Mittelpunkt der Lektion stand jedoch der Begriff »Tag«. Wir sollten erkennen, welch wichtige Rolle er in unserem Leben spielt.
Die Hinweise sollten Sie ermuntern, sich ausführlich mit einer besseren Einteilung Ihres Tages zu beschäftigen. Geben Sie ihm einen festen Rahmen, statt ihn hektisch von früh bis spät zu durchhetzen.
Planen Sie den Tag, etwa indem Sie sich jeden Morgen fragen:

- »Was kann ich tun, um diesem Tag möglichst viel Freude abzugewinnen. Als Ausgleich zu den vielen unerfreulichen Dingen, die ich nicht verhindern kann?«
- »Wie kann ich zur Arbeit den rechten Ausgleich an Entspannung schaffen?«
- »Was kann ich heute für meinen Körper tun?«

Ganz bestimmt kommen Sie, wenn Sie sich ernsthaft genug mit solchen Fragen beschäftigen, zu einer Art täglichem Ritual: etwa einer Viertelstunde morgens und abends autogenes Training mit den Formeln der wichtigsten Vorstellungen, die Sie befolgen möchten. Zehn Minuten Gymnastik nach dem Aufstehen. Einmal am Tag eine Viertelstunde Beschäftigung mit Ihrem »Lebensplan«, den Sie schriftlich festgelegt haben. Und anderes mehr.

Neunte Lektion

In dieser letzten Lektion befassen wir uns noch einmal mit den Begriffen Glück und Freiheit, von denen ja das ganze Buch handelt. Ohne Freiheit, so meine ich, kann es kein wirkliches Glück geben. Und ohne Glück hat die Freiheit keinen Sinn.
Wenn von Freiheit geredet wird, dann verstehen die meisten Menschen darunter die phrasenhaften Schlagworte, die ihnen täglich eingehämmert werden: Meinungsfreiheit, Redefreiheit, Freiheit in der Demokratie, freier Handel. Nichts davon gibt es. Außer in unserer Phantasie.
Die Freiheit, von der wir hier reden, ist die realistische, die ganz persönliche Freiheit. Die Freiheit in uns, die wir uns selbst schaffen. Nicht die Freiheit, die uns jemand großzügig gewährt, nachdem wir sie ihm durch ein Stück Unfreiheit auf anderem Gebiet abkaufen mußten.
Um diese ganz persönliche Freiheit und ihre vielfältigen Ausdrucksformen in unserem Alltag geht es hier.

Ein einziges Mal weniger Angst am Tag ist ein Riesenschritt vorwärts in ein freies Leben

Ständig begegnen wir Menschen, die sich unentwegt um die Freiheit sorgen. Um die Freiheit in anderen Ländern und Erdteilen oder die Verankerung des Freiheitsbegriffs in Resolutionen und Gesetzbüchern. Das mag sehr wichtig sein, und ich gebe gerne zu, daß ich die Bedeutung solcher Aktivitäten möglicherweise unterschätze.

Wahrscheinlich stört mich daran, daß diese Menschen die Freiheit immer woanders suchen, nur nicht bei sich selbst. Sicherlich ist es schrecklich, wenn man in einem Land in der ständigen Angst leben muß, daß nachts Geheimpolizisten an die Türe klopfen. Aber wir sollten vor lauter Mitgefühl nicht vergessen, mit welch schrecklichen Ängsten wir selbst ständig herumlaufen.

Das Land, in dem wir leben, mag noch so frei und demokratisch sein. Doch was nützt es uns, wenn wir zwar nicht die Geheimpolizei fürchten müssen, dafür aber uns die Angst vor Eltern, Lehrern, Vorgesetzten, Nachbarn oder Kollegen nicht minder quält. Oder wie ist es sonst zu verstehen, daß sich beispielsweise jedes Jahr nach der Zeugnisverteilung ein paar Vierzehnjährige das Leben nehmen, weil sie sich mit ihren schlechten Noten nicht nach Hause trauen?

Gewiß hat man den Eindruck, daß jedermann sich nichts sehnlicher wünscht, als ein freier Mensch zu sein. Ich bin aber sicher, daß es nicht wenige Leute gibt, die nichts mehr fürchten als ein Leben als freie Menschen, in dem sie selbst für sich die Entscheidungen fällen und die Verantwortung übernehmen müßten.

Wenn man ihnen von heute auf morgen ihre Vorbilder, die sie so eifrig nachahmen, entzöge, wenn man sie der Obrigkeit gegenüber nicht mehr gehorsam sein ließe, wenn es plötzlich in ihrem Leben keinen mehr gäbe, der ihnen sagt, was sie denken, glauben, sagen und kaufen sollen – wahrscheinlich wären diese Menschen dann gar nicht mehr lebensfähig. Trotzdem werden manche von ihnen im Brustton der Überzeugung für die Freiheit eintreten – für irgendeine nebulose Freiheit.

Die Menschen, die hier gemeint sind, geben sich mit einem Minimum an persönlicher Freiheit zufrieden und wollen offensichtlich nicht mehr als das bißchen Glück, das ihnen geboten wird.

Glück und Freiheit sind, davon bin ich überzeugt, unzertrennlich miteinander verbunden. Sicherlich ist Freiheit im gewissen Sinne auch das Gegenteil von Sicherheit. Denn strenggenommen macht uns die Sorge um unsere Sicherheit unfrei. Und je mehr wir besitzen und je mehr wir fürchten, daß wir diesen Besitz verlieren könnten, um so weniger können wir behaupten, persönlich frei zu sein.

Ich gebe zu, das klingt nach spitzfindiger Wortspielerei. Aber vielleicht weist es darauf hin, wie viele Auffassungen von Freiheit möglich sind und wie notwendig es deshalb ist, daß jeder sich seine eigene Auffassung bildet.

Wie aber sieht dies in der Praxis des Alltags aus?

Wenn wir darangehen, unser Leben selbst zu planen und zu bestimmen, sollten wir nie aufhören, uns Fragen wie diese zu stellen:

- Bin ich wirklich so frei, wie ich mir einrede?
- Welche Dinge machen mich unfrei?
- Welche Menschen fürchte ich?
- Was kann ich heute tun, um weniger Angst zu haben?
- Was muß ich an grundsätzlichen Einstellungen in meinem Leben ändern, um meine Ängste durch Steigerung des Selbstvertrauens zu verdrängen?

Sobald wir erst einmal angefangen haben, unseren Unfreiheiten auf die Spur zu kommen, ergeben sich erstaunliche Aspekte. »Ich habe festgestellt«, sagte mir kürzlich ein Freund, dem ich geraten hatte, eine Liste seiner wichtigsten Ängste aufzustellen, »daß ich mich vor Impotenz mehr fürchte als vor einem Jahr Freiheitsentzug in einer Einzelzelle im Gefängnis.«

Ich glaube nicht, daß diese Feststellung erstaunlich ist. Wir finden sie nur erstaunlich, weil wir uns zu sehr daran gewöhnt haben, in Klischees zu denken. Das hat uns auch so lange daran gehindert zu entdecken, wo unsere persönliche Freiheit wirklich beginnt. Und wo sie aufhört. Und welche Vorstellung wir von unserer Freiheit haben.

Außer Zweifel steht, daß für die meisten Menschen die absolute Freiheit unerreichbar ist. Die relative Freiheit, die uns offensteht, hängt deshalb vorwiegend von unserer Einstellung zu ihr ab. Was dem einen schon als höchste Freiheit erscheint, mag ein anderer als unerträgliche Unterdrükkung empfinden.

Hier nun ein paar Gedanken als Anregung, falls Sie selbst sich eingehender mit diesem Thema beschäftigen möchten:

- Die Nachahmung von Vorbildern kann uns in hohem Maße unfrei machen, wenn wir allzusehr versuchen, uns ihnen anzupassen.
- Je mehr wir uns vom Wettbewerbsdenken leiten lassen, um so mehr machen wir uns von denen abhängig, die diesen Wettbewerb fördern, weil er ihnen nützt.
- Je weniger wir auf etwas verzichten können, um so leichter sind wir zu erpressen.

- Eine viel größere Bedrohung für unsere Freiheit als unsere Feinde sind oft die Menschen, die uns lieben. Oder wenigstens behaupten, daß sie uns lieben.
- Wer ständig darauf hofft, daß er morgen freier sein wird als heute, macht sich damit nur vom Zufall abhängig, den er nicht lenken kann.
- Wer ein für alle Male zur Kenntnis nimmt, daß nach jedem Höhepunkt im Leben wieder ein Tiefpunkt kommt, befreit sich von der Angst, ein Versager zu sein.
- Wer sich immer mehr die Freiheit nimmt, Vorschriften zu mißachten, die unsinnig sind, gewinnt allmählich den Instinkt für das Richtige zurück, der vielen von denen verlorengegangen ist, die Vorschriften machen.

Je mehr wir uns mit unseren Abhängigkeiten und Ängsten und den Hemmnissen auseinandersetzen, die unserem Glück im Wege stehen, desto günstiger werden die Voraussetzungen, täglich ein kleines Stück mehr Freiheit zu erlangen.

Wir sollten diese kleinen Stücke an täglicher Freiheit nicht unterschätzen. Für uns selbst jedenfalls sind sie von viel größerer Bedeutung als die träumerischen Freiheitsillusionen, denen so viele Menschen nachhängen.

Warum Sie nie wieder sagen sollten: »Ich habe keine Zeit für mich.«

Vor etwa zehn Jahren eröffnete mir eine nicht mehr ganz junge Dame aus unserem Bekanntenkreis, daß sie gerne schreiben möchte. Ihrem Vorhaben stünde allerdings ein schwerwiegendes Hindernis im Wege. »Ich nehme es mir schon seit ein paar Jahren vor, endlich damit anzufangen«, sagte sie, »aber ich bin immer so beschäftigt, daß mir keine Zeit dazu bleibt.«

Was dieser Dame vorschwebte, war keinesfalls, sich mit Schreiben ihren Lebensunterhalt zu verdienen, sonst wäre sie vermutlich inzwischen schon verhungert. Geld und Besitz hatte sie genug. Sie wollte sich vielmehr »einiges von der Seele schreiben, was mich bedrückt«.

Da ich gefragt wurde, was sie machen sollte, erwiderte ich: »Wenn Sie mit Sicherheit sagen können, daß Sie an jedem Tag eine Viertelstunde für das Schreiben übrig haben, dann sehe ich eigentlich kein Problem.«

Vielleicht hätte ich das nicht sagen sollen, denn die Antwort kam wie ein Giftpfeil auf mich zu: »Eine Viertelstunde am Tag? Natürlich könnte ich eine Viertelstunde erübrigen. Aber was soll ich mit einer Viertelstunde, da bringe ich ja kaum drei Zeilen aufs Papier. Wenn ich aber erst einmal anfange, werden es mindestens dreihundert Seiten.«

Ich brauche nicht besonders zu betonen, daß bis heute weder drei Zeilen noch dreihundert Seiten geschrieben wurden. Wenn die erwähnte Dame allerdings vor zehn Jahren das Viertelstundenrezept befolgt hätte, wären inzwischen immerhin schon rund 11 000 Zeilen geschrieben. Das wären ungefähr 365 Seiten.

Dieser Fall scheint mir deshalb so interessant zu sein, weil er typisch ist für viele Menschen, die ihre schönsten Vorstellungen nicht verwirklichen. Ihre stetig wiederkehrende Ausrede lautet: »Ich habe dafür leider keine Zeit.«

Diese Leute wissen meistens ganz genau, was sie wollen. Sie haben den festen Willen und sind wildentschlossen. Aber seltsamerweise kommt immer etwas dazwischen, wenn sie gerade anfangen wollen. Etwas ungeheuer Wichtiges, das noch ganz schnell erledigt werden muß.

Wissen Sie, woran das liegt? Es liegt daran, daß diese Leute Angst haben, sich an das Vorhaben heranzuwagen. Sie haben es in ihrer Phantasie aufgebauscht, sie haben viel zu lange davon geträumt und es zu einem gewaltigen Projekt gemacht. Wenn sie tatsächlich beginnen sollen, stehen sie völlig verschreckt da und haben furchtbare Angst, sie könnten diese

Riesensache nicht bewältigen. Also verschieben sie den Anfang erst einmal auf später.
Sie sind nicht imstande, ihre großartige Idee in kleine Stücke zu zerlegen und diese einfach zu bewältigenden Zeiteinheiten zuzuordnen. In die Viertelstunden an jedem Tag. In die Augenblicke, in denen die Entscheidung fällt: »Jetzt setze ich mich und fange an, weil nichts für mich wichtiger ist.« Ich halte es für nahezu unmöglich, daß jemand unter normalen Lebensbedingungen nicht genügend Zeit findet, seine wichtigen persönlichen Vorhaben zu verwirklichen. Oder sich diese Zeit durch Veränderung der Bedingungen zu verschaffen. Manche große Sache, die uns vorschwebt, ist wirklich nicht an einem Tag oder in einem Monat durchführbar. Das aber sollte kein Grund sein, sie mit einem abgedroschenen Alibi so lange hinauszuschieben, bis wir resigniert aufgeben.
Was immer wir tun möchten, wichtig dabei ist, daß wir es zur richtigen Zeit tun. Sicherlich haben wir alle schon die Erfahrung gemacht, daß wir gestern etwas trotz aller Anstrengungen nicht bekamen, heute aber fällt es uns fast von selbst in den Schoß. Die Zeit dafür war gestern noch nicht reif, sondern erst heute.

- Das gilt für das Heiraten genauso wie für die Liebe.
- Es gilt für Revolutionen, die fehlschlagen müssen, wenn die Zeit dafür noch nicht angebrochen ist.
- Es gilt für den Zeitpunkt, zu dem wir eine Gehaltserhöhung fordern sollten.
- Es gilt einfach für alles, was wir erreichen möchten, ohne mehr Anstrengungen unternehmen zu müssen, als dafür notwendig sind.

Winston Churchill, der bekannte britische Staatsmann, hatte recht, als er sagte: »Wer nicht die Geduld hat, so lange zu warten, bis die Zeit für eine Sache reif ist, der braucht zu ihrer Verwirklichung ein Vielfaches an Zeit und Energie. Wenn er nicht überhaupt scheitert.«
Wir aber, in unserer selbstherrlichen Arroganz den primitivsten Zusammenhängen des Lebens gegenüber, wir bilden uns ein, die Zeit überspringen zu können, die jede Sache hat und braucht. Wenn wir das berücksichtigen, können wir viel Energie und Zeit sparen. Ich halte diese Erkenntnis für so wichtig, daß ich sie hier noch einmal eindringlich wiederholen möchte:

1. Alles, was wir tun, hat seine Zeit.
2. Alles, was wir tun, braucht seine Zeit.

Wann aber weiß ich, daß die Zeit für eine Sache reif ist. Und wie weiß ich, wieviel Zeit eine Sache braucht?
In meinen Jünglingsjahren hatte ich einen Freund, der nach folgendem

Grundsatz lebte: »Ich kann gar nicht so verrückt nach einem Mädchen sein, als daß ich mir von ihr meine Zeit stehlen ließe.« Wenn er beispielsweise mit einem Mädchen ausgemacht hatte, sich um 20 Uhr mit ihr zu treffen, dann wartete er genau zehn Minuten. Kam sie während dieser Zeit nicht, verließ er den Treffpunkt wieder. Die Sache war für ihn erledigt.

Ich bewunderte den Jungen so sehr, daß ich mir seine Gewohnheit auch zu eigen machte.

Im Grunde bedeutete dieses einfache Prinzip für das Verhalten im Alltag nichts anderes als das, was Winston Churchill gesagt hat. Oder: »Alles hat seine Zeit, alles braucht seine Zeit.«

Entscheidend dabei sind folgende Faktoren:

- Wir müssen imstande sein, jeder Sache die richtige Wertigkeit zu geben, die sie für uns hat. Aus dieser Wertung ergibt sich auch die Zeitspanne, die wir für sie aufwenden.
- Wir müssen die Konsequenz aufbringen, diese Wertung und die Zeitbegrenzung tatsächlich zu befolgen. Wie ein Spieler, der mit einer bestimmten Summe Geld ins Casino geht und sagt: »Wenn ich dieses Geld verspielt habe, gehe ich nach Hause. Denn das ist genau die Summe, die mir der Spaß des Spieles heute abend wert ist.« Auf diese Weise spart er Zeit, Kraft und Ärger, die es ihn nachher kostet, wenn er mehr verspielt hat, als er besitzt.
- Wir müssen die Zusammenhänge, die bei unserem Vorhaben eine Rolle spielen, realistisch betrachten. So mag es sein, daß wir nach einem Mädchen ganz verrückt sind, mit dem wir uns treffen wollen. Wenn wir ihm aber nicht wichtig genug sind, pünktlich zu erscheinen, dann sollte uns das ein Signal sein, zu fragen, ob wir nicht die Zeit für ein Vorhaben vergeuden, das zu diesem Zeitpunkt für den Erfolg noch nicht reif ist.
- Wir dürfen uns in unseren Entscheidungen nicht von unrealistischen Emotionen leiten lassen.

Stolz, Ehrgeiz und das Sich-ständig-beweisen-Wollen sind Ausdrucksformen unserer Unfreiheit. Genauso wie jede Art von Zwang und Gewalt uns selbst und anderen gegenüber. Keinesfalls können sie geeignete Voraussetzungen für richtige Entscheidungen sein.

Es mag uns einen schnellen Erfolg bringen, wenn wir ein Vorhaben erzwingen, statt darauf zu warten, bis es uns vielleicht ganz von selbst in den Schoß fällt. Was aber ist der Preis, den wir dafür zahlen müssen? Wenn erst einmal der erste Triumph über den Sieg verklungen ist, zeigt die Bilanz:

- Es treten die ersten Lücken dort auf, wo wir in der Eile nicht jene Sorgfalt verwendet haben, die der Aufgabe zugekommen wäre.

- Wir mögen einen anderen Menschen zu etwas überredet haben, was er im Grunde gar nicht wollte. Jetzt fängt er an zu erkennen, daß wir ihn hineingelegt haben. Er wird es uns spüren lassen.
- Wir selbst mögen zu diesem Zeitpunkt noch gar nicht reif für den errungenen Erfolg gewesen sein. Und es ergeht uns so wie den ungezählten Senkrechtstartern unserer Zeit, die viel zu früh in viel zu dünne Höhenluft gerieten, die sie nicht vertragen konnten.

»Alles, was wir tun, hat seine Zeit und braucht seine Zeit«, wenn uns erst einmal die Bedeutung dieser Erkenntnis klargeworden ist, dann brauchen wir nie wieder zu sagen, wir hätten für die wichtigste Sache der Welt keine Zeit: für uns selbst und all das, was unser Leben lebenswert macht. Dann prüfen wir bei allem, was wir vorhaben, an welcher Stelle der Wertigkeit auf der Liste unserer Pläne sie steht und welchen Aufwand wir ihr zuordnen. Und dann, wenn der richtige Zeitpunkt gekommen ist, verwirklichen wir sie.

Vergessen Sie nicht: Unsere Freiheit beginnt mit den kleinen Handlungen, nicht mit den großen Phrasen

Wir leben in einer Zeit der großen Phrasen und der großen Versprechungen. Die großen Versprechungen sind uns angenehm, weil sie unsere Bequemlichkeit unterstützen. Sie nehmen uns das Denken ab und die Disziplin des Handelns. Wir können sagen: »Ach was, darum brauche ich mich nicht zu kümmern, das macht ja meine Versicherung.« Oder: »Diese Entscheidung brauche ich nicht zu fällen, da wird mir ja gesagt, was ich zu tun habe.«

Wenn Sie nicht glauben, daß es so ist, sehen Sie sich doch um. Die meisten Menschen klammern sich wie Ertrinkende daran, daß andere etwas für sie tun. Die Partei, die Regierung, der Staat, die Versicherung, die Firma. Wenn solche Menschen in den Urlaub fahren, dann hat ihnen das Reisebüro schon vorher alles Denken und Entscheiden abgenommen. Dann lassen sie sich in Herden aus überfüllten Autobussen zu den Plätzen treiben, die andere für sehenswert halten. Sie müssen essen, was für die Veranstalter durch Massenabfertigung möglichst rentabel ist.

Hat es nicht tatsächlich den Anschein, als wäre die Abhängigkeit, in die sich so viele Menschen mit vollem Einverständnis begeben, die wahrhaft gefährliche Seuche unserer Zeit?

Die Abhängigkeit, die noch unsere kleinsten Gedanken und Handlungen bestimmt. Und über die alle großartigen Phrasen von der Freiheit nicht hinwegtäuschen können. Es stimmt natürlich, daß wir frei sind, frei, alles zu kaufen, was wir brauchen. Aber kaufen wir denn wirklich das, was wir brauchen. Oder sind wir nicht vielmehr von dem abhängig, was man uns einredet? Wissen wir überhaupt noch, was wir brauchen, um glücklich leben zu können?

Vor einiger Zeit saß ich bei einem festlichen Essen mit einigen Herren zusammen. Alle schon älter, alle sehr reich und alle durchdrungen von jener selbstgefälligen Überheblichkeit, die das Bewußtsein von Macht vielen Männern verleiht.

Wir sprachen über die Freiheit und das persönliche Glück. Themen, mit denen sie sich offensichtlich schon lange nicht mehr beschäftigt hatten. Es war für mich höchst erstaunlich, was diese Männer dazu zu sagen hatten. Sie redeten darüber, als ginge sie persönlich dieses Thema überhaupt nichts an. Sie redeten in nichtssagenden Phrasen. Sie sagten etwa: »Wissen Sie, früher hatte man noch Ideale von der Freiheit, aber das Leben raubt einem ja alle Illusionen.« Oder: »Freiheit, das ist genügend Geld.

Erst die Macht kann einen Mann wirklich glücklich machen.« Oder: »Machen wir uns doch nichts vor, je mehr Freiheit man dem Volk läßt, um so mehr mißbraucht es sie.« Wissen Sie, wovon diese Männer, die sich selbst für glücklich und frei hielten, abhängig waren? Nachdem ich mich eine halbe Nacht mit ihnen unterhalten hatte, kann ich es Ihnen sagen:

- Das Problem, das den einen nachts nicht schlafen ließ, wurde durch seine 21jährige Tochter verursacht. Obwohl sie alles besaß, was man sich nach Ansicht ihres Vaters wünschen konnte, war sie von zu Hause ausgerissen und seit ein paar Wochen auf dem Weg nach Indien.
- Einer lebte nach dem Rhythmus der Aktienkurse. Er war ununterbrochen von der Sorge begleitet, am nächsten Tag ein paar Millionen ärmer zu sein.
- Ein anderer bildete sich ein, er habe Magenkrebs. Hilflos reiste er von Professor zu Professor und bezahlte Unsummen dafür, daß man ihm versicherte, er sei völlig gesund.

Diese Männer sagten: »Ach, wissen Sie, ich darf nicht so viel trinken, mein Arzt hat gesagt, die Leber sei angeschlagen.« Oder: »Nach dem zweiten Herzinfarkt muß ich mich jetzt etwas schonen.«

Und trotzdem versicherten alle beharrlich, sie fühlten sich als freie Männer, die glücklich seien.

Das mag alles ein wenig lächerlich klingen, aber wir haben keinen Grund, darüber zu lachen. Denn auch wir leben ja in dieser seltsamen Welt, in der alles andere viel wichtiger erscheint als wir selbst und unser tägliches Glück. Der Fortschritt ist wichtig, der Wohlstand ist wichtig, das Prestige bei der Mitwelt und das Lob der anderen. Wir laufen immer mehr vor uns selbst davon, statt alles zu unternehmen, um uns zu finden. Finden aber können wir uns nur in den kleinen, aber entscheidenden Dingen unseres Lebens:

- Bei der Viertelstunde autogenem Training jeden Tag.
- Beim Niederschreiben der Lebensvorstellungen, nach denen wir uns fortan richten wollen.
- Beim Sieg über jede kleine Angst.
- Bei den zehn Minuten Gymnastik täglich, die mehr zu unserer Gesundheit beitragen können als jeder Arzt.
- Beim Wiederentdecken unserer Gefühle, statt uns vor ihnen zu fürchten.

Solche scheinbar unwichtigen Dinge werden uns mehr Freiheit und Glück bringen als alle Versprechungen zusammengenommen, die andere uns machen. Und wenn wir die Beschäftigung mit uns selbst lange genug fortführen, entsteht daraus nahezu von selbst eine völlig neue Beziehung zum Leben.

Wir erkennen mit einem Mal, daß unser Selbstbewußtsein keiner ständigen Bestätigung durch andere mehr bedarf. Nicht mehr so wichtig ist das, was man uns sagt und verspricht, sondern das, was wir selbst tun. Dieses Tun ist das Leben. Nicht das, von dem wir reden und träumen.

Kürzlich las ich in einer Zeitschrift einen Ausspruch des Bergsteigers Reinhold Messner. Er lautete: »Ein Großteil der Menschen unserer Generation sind Gefangene einer künstlichen Welt und falscher Wichtigkeiten. Sie zittern unter Examensnöten und Job-Ängsten, weil sie nie wirkliche Gefahren bestanden haben.«

Dieser Reinhold Messner findet seine Freiheit und sein Glück in der Bezwingung überhängender Felswände und achttausend Meter hoher Gipfel. Ich glaube, wenn wir erst einmal damit begonnen haben, hier auf dem Boden unserer eigenen Welt die Zwänge der Erziehung abzustreifen und Tag für Tag ein wenig mehr die Freiheit zu genießen, die wir selbst uns schaffen, dann kann das für manchen durchaus ein noch viel faszinierenderes Abenteuer sein als eine extreme Kletterei im Himalaya.

Eine Zusammenfassung, ehe Sie dieses Buch aus den Händen legen

Wenn Sie nach den noch folgenden Seiten dieses Buch zur Seite legen, dann gibt es für Sie zwei Möglichkeiten. Entweder Sie betrachten das Dargebotene als eine mehr oder weniger interessante Information – und gehen zur Tagesordnung über. Oder es hat Sie dazu angeregt, in Ihrem Leben einiges zu ändern, was Sie schon lange ändern wollten.

In diesem Falle sollten Sie nicht in den alten Fehler verfallen, ein Problem, das Sie vordringlich beschäftigt, aus seinem Zusammenhang zu reißen. Dieses Buch wurde nicht geschrieben, um Ihnen ein paar Tips zur Bewältigung einiger schlechter Gewohnheiten zu geben. Sie sollten vielmehr dazu angeregt werden, an der Basis Ihres Lebens bessere Voraussetzungen für die Bewältigung *aller* Ihrer persönlichen Probleme zu schaffen.

Wenn Sie sich beispielsweise das Rauchen abgewöhnen möchten, dann erhalten die vorangegangenen Lektionen keine allgemeinen Anleitungen dafür. Meine eigene Erfahrung bei der Bewältigung dieses Problems kann nur eine Anregung sein. Was Sie in den neun Lektionen finden, sind allerdings konkrete Hinweise auf die Einstellung, die wir haben sollten, und die Technik, die wir brauchen, um uns das Rauchen abgewöhnen zu können. Mit dieser Technik können Sie sich, wenn Sie sie einmal beherrschen, auch den Alkoholmißbrauch, die Prüfungsangst, die Angst, Ihre Gefühle zu zeigen, oder die Unsicherheit Ihrem Vorgesetzten gegenüber abgewöhnen.

Aber selbst das ist nur ein winziger Teil des Nutzens, den Ihnen dieses Buch vermitteln kann. Im besten Falle regt es Sie an, jedes Einzelproblem, das Sie gerade beschäftigt, von seinen Ursachen her zu sehen.

Dabei werden Sie vielleicht folgendes erkennen:

- Das Rauchen hat seinen Ursprung in der Hektik des Alltags, von der Sie sich mitreißen lassen. Möglicherweise spielt auch Ihre Unsicherheit mit, die Sie den Realitäten des Lebens gegenüber haben. Sie rauchen, weil Ihnen das scheinbar Ruhe und Sicherheit vermittelt.
- Sie müssen in Ihrem Vorgehen also damit beginnen, Hektik und Unsicherheit durch Zielstrebigkeit und Ruhe zu ersetzen. Sie werden eine Vorstellung entwickeln, wie Sie sein möchten, wie Sie leben möchten, welche Lebensweise Ihnen Glück und Freiheit, Sicherheit und Ruhe geben könnte.
- Wenn Sie diese Vorstellungen entwickelt und in sich verankert haben, wird eine davon sein, mehr für Ihre Gesundheit zu tun. Bewußter zu

essen, kontrollierter zu trinken, täglich genügend Bewegung zu haben, das autogene Training zu erlernen. Und sich das Rauchen abzugewöhnen.
- Sind Sie in Ihrem neuen Programm der Selbsterziehung soweit gekommen, dann ist der nächste Schritt, die Technik so zu vervollkommnen, daß Sie damit Ihre Vorstellungen in die Tat umsetzen können.

Wenn Sie sich schließlich das Rauchen abgewöhnt haben, ist das ein erster Schritt in Ihrem großen Lebensprogramm. Geradezu automatisch werden viele andere Schritte folgen. Und jeder einzelne Erfolg auf diesem Weg gibt Ihnen ein wenig mehr Selbstvertrauen und Ermunterung weiterzumachen.

Beim Vorgehen in der beschriebenen Art sollten Sie dieses Buch als eine Art Nachschlagewerk betrachten. Vor allem in den ersten Wochen und Monaten, bis Ihre Vorstellungen und Erfahrungen Ihnen die erforderliche Sicherheit vermitteln. Ist dieses Stadium erreicht, dann gehen Sie Ihre eigenen Wege. Machen Sie sich frei. Dieses Buch ist eine einzige Herausforderung an Sie, die Abhängigkeit von Erziehungszwängen und Ängsten immer mehr abzubauen und sich in das Abenteuer einzulassen, ein eigenständiges Leben zu führen.

Tun Sie deshalb nichts, was in diesem Buch empfohlen wird, wenn Sie es nicht für sich persönlich als richtig erkennen. Und dann machen Sie Ihre eigenen Erfahrungen. Nehmen Sie das Risiko auf sich, dabei Fehler zu machen. Aus Fehlern lernen wir schließlich viel mehr, als wenn wir kritiklos das nachahmen, von dem man sagt, es sei das einzig Wahre und Richtige.

Nach diesen Hinweisen will ich Sie noch an die wichtigsten Prinzipien erinnern, auf die zu Beginn des Buches hingewiesen wurde. Es sind die Prinzipien, an denen Sie sich orientieren sollten, wenn Sie den hier aufgezeigten Weg selbständig weitergehen wollen:

- Was immer Sie an Ihrem bisherigen Leben ändern oder welche Pläne Sie verwirklichen wollen, tun Sie es unter dem zweifachen Aspekt der richtigen Einstellung zu dem Vorhaben und der richtigen Technik bei seiner Verwirklichung.
- Geben Sie sich nicht damit zufrieden, wichtige Zusammenhänge in Ihrem Leben »verstanden« zu haben oder etwas, das Sie voll in Ihr Leben einbeziehen wollen, »gelernt« zu haben. Das ist zu wenig. Sie müssen sich mit dem, was Sie vorhaben, voll und ganz identifizieren. Sie müssen es intuitiv erfaßt haben. Sie müssen es sich vorbeten, vorsagen und es bis in den letzten Winkel Ihres Unterbewußtseins verankern.

- Üben Sie die Gewohnheiten, die Sie annehmen wollen, regelmäßig und ernsthaft ein. Und zwar so lange, bis dieses Üben keine Anstrengung mehr ist, sondern ein Bedürfnis.
- Suchen Sie nicht bei anderen Leuten die Lösungen für Ihren persönlichen Weg im Leben zu mehr Glück und Erfüllung, sondern finden Sie ihn bei sich selbst.

Für diese Suche wünsche ich Ihnen viel Erfolg.

Abschließend möchte ich allen meinen Freunden, Bekannten und Kollegen danken, die durch ihre Hinweise, Ermutigungen und Erfahrungen direkt oder indirekt zum Zustandekommen dieses Buches beigetragen haben.
Meiner Frau Christa und meinen Söhnen Harald und Ronald bin ich für ihr Verständnis während der Arbeit an diesem Buch zu besonderem Dank verpflichtet.